UN HÉRITAGE

A LIGHT REKINDLED

Données de catalogage avant publication (Canada)

Vedette principale au titre :

Un Héritage : réminiscences du Couvent de la rue Rideau et du Collège Bruyère = A light rekindled : reminiscences of Rideau Street Convent and Bruyère College

Texte en français et en anglais.
Comprend des références bibliographiques.
ISBN 0-9693277-0-6

1. Couvent Notre-Dame-du-Sacré-Cœur (Ottawa, Ont.) — Histoire. 2. Collège Bruyère (Ottawa, Ont.) — Histoire. I. Louise-Marguerite, sœur, S.C.O. II. Sœurs de la Charité d'Ottawa. III. Titre : A light rekindled.

BX4366.3.H47 1988   373.713'84   C88-090074-1F

Canadian Cataloguing in Publication Data

Main entry under title :

Un Héritage : réminiscences du Couvent de la rue Rideau et du Collège Bruyère = A light rekindled : reminiscences of Rideau Street Convent and Bruyère College

Text in French and English.
Includes bibliographical references.
ISBN 0-9693277-0-6

1. Couvent Notre-Dame-de-Sacré-Cœur (Ottawa, Ont.) — History. 2. Collège Bruyère (Ottawa, Ont.) — History. I. Louise-Marguerite, sœur, S.C.O. II. Sisters of Charity of Ottawa. III. Title : A light rekindled.

BX4366.3.H47 1988   373.713'84   C88-090074-1E

© Sœurs de la Charité d'Ottawa, 1988

UN HÉRITAGE

A LIGHT REKINDLED

Réminiscences	Reminiscences
du	of
Couvent de la rue	Rideau Street Convent
Rideau	and of
et du	Bruyère College
Collège Bruyère	

OUVRAGE EN COLLABORATION
dirigé par sœur Louise-Marguerite, s.c.o.

Sœurs de la Charité d'Ottawa
9, rue Bruyère
Ottawa, Canada. K1N 5C9

Conseiller technique
R.P. Léopold Lanctôt, o.m.i.

Conception graphique
Marcel Blanchette

Réviseur
André McNicoll

Présidente de l'Association des anciennes
    du Couvent de la rue Rideau et
    du Collège Bruyère
Madame Jeannette Giroux

MEMBRES DU COMITÉ DU LIVRE

Sœur Agathe Gratton, s.c.o., présidente honoraire
Sœur Louise-Marguerite, s.c.o., présidente
Sœur Sainte-Madeleine, s.c.o.
Sœur Jeanne-LeBer, s.c.o.
Madame Femmy Mes
Sœur Françoise Bélanger, c.s.c.
Sœur Marie L. Labonté, s.c.o.
Madame Madeleine Lalande
Sœur Claire Dupont, s.c.o.

We thank Thee for the light
we have kindled.

The Chorus
— T.S. Eliot

ACKNOWLEDGEMENTS

This book is the joint effort of many contributors to whom I would like to express my thankful appreciation.

Gratitude is due to Mother Agathe Gratton, Superior General, and to the other Sisters of my Congregation for their unfailing encouragement and collaboration.

Special thanks to the authors of the various chapters — the Alumnæ and the former professors of the Rideau Street Convent and of Bruyère College — for fondly bringing back to light the history of their old Convent.

Thanks should also be given to the Book Committee for its keen interest and inspiring suggestions, to the Alumnæ Association Committee for graciously launching the book as a feature of their coming May celebrations.

Mention should be made of the contribution of those who either revised or annotated the text or put the manuscript through word processing.

My appreciation extends to all those who kindly made possible the reproduction of the photographs in this book : the Archivists of the Motherhouse of the Sisters of Charity of Ottawa, the Alumnæ of the Rideau Street Convent and of Bruyère College, the Curator of Canadian Art of the National Gallery, the Friends of the Gallery, the staff of the documentary art and photography of the National Archives of Canada and the studios for kindly consenting to yield their reproduction rights.

REMERCIEMENTS

Que soient cordialement remerciés ceux et celles qui ont facilité la réalisation du présent ouvrage.

Ma vive reconnaissance reste acquise à la Congrégation et à Mère Agathe Gratton, supérieure générale, qui sans cesse m'ont soutenue de leur enthousiaste collaboration.

Merci tout spécial aux bienveillantes auteures... les anciennes et les professeures du Couvent Rideau et du Collège Bruyère qui se sont plu à raviver un passé en train de disparaître.

Ma vive gratitude s'adresse encore à l'Association des anciennes qui a bien voulu intégrer le lancement de ce livre aux fêtes du grand ralliement de mai prochain.

Sincères remerciements au Comité du Livre pour son dévouement et sa collaboration.

Un merci tout particulier à ceux et celles qui ont revisé le manuscrit, en ont assuré l'annotation, enfin, à celle qui a assumé la transcription des manuscrits.

Ma haute appréciation englobe aussi le personnel des Archives des Sœurs de la Charité d'Ottawa, les anciennes du Couvent Rideau et du Collège Bruyère, le Conservateur du Musée des beaux-arts du Canada, les Amis de ce même Musée, les préposés aux Archives publiques du Canada ainsi que les divers studios qui ont permis si aimablement de reproduire les photos anciennes.

Sœur Louise - Marguerite, p.c.o.

présidente du Comité du Livre

9

Si le grain de blé ne tombe en terre
et ne meurt,
il reste seul;
s'il meurt
il porte beaucoup de fruit. (Jn 12, 24)
Et c'est un fruit qui demeure! (Jn 15, 16)

DÉDICACE

À vous toutes, chères Anciennes
du Couvent Rideau,
du Collège Bruyère
qui prolongez si fidèlement
l'éducation de choix
inaugurée par Mère Élisabeth Bruyère,

à vous, dévoué(e)s professeur(e)s
qui avez collaboré si généreusement
à cette œuvre d'éducation
avec nous, les Sœurs de la Charité d'Ottawa,

je dédie, en hommage d'amitié,
ces pages palpitantes de souvenirs :

Un héritage — A Light Rekindled

À travers ce passé si cher à nos cœurs,
le Couvent Rideau reste bien vivant
et poursuit pour des siècles encore
l'idéal qui l'a vu naître!

Sœur Agathe Gratton, s.c.o.

supérieure générale

11

PRÉFACE

Le mot «héritage» n'est pas ici usurpé. Il qualifie comme il se doit l'œuvre admirable de Sœur Élisabeth Bruyère et de ses collaboratrices. Ces femmes de foi ont écrit, comme tant d'autres l'ont fait dans notre pays, une épopée dont on ne dira jamais assez les mérites. Ce livre a valeur de témoignage. Sans vaine complaisance, il raconte l'histoire d'un établissement d'éducation et des autres œuvres qui s'y sont greffées.

Il est plus qu'un mémorial, car il recrée avec ses misères et ses joies la vie de celle qui, inspirée par la vertu de charité, a accompli jusqu'au bout la vocation qu'elle avait acceptée. Fidèle à une tradition, elle a semé la vérité en ouvrant les esprits et les cœurs à l'intelligence des choses du monde et des richesses de la spiritualité. C'est précisément cette synthèse qui est un héritage, celui qui a permis d'ériger un monument assis sur les valeurs de l'humanisme chrétien.

L'évolution de l'œuvre des origines n'a pas rendu caduque l'inspiration qui l'a soutenue. Bien au contraire : devançant son époque, la fondatrice prévoyait le progrès; elle savait que toutes les constructions humaines doivent un jour changer et que ce qui compte, à la fin, c'est la lumière qui éclaire la mutation des sociétés et les préserve des égarements.

13

Reading this work will undoubtedly evoke nostalgia, for this is the response of our hearts. Yet just as a part of the Rideau Street chapel will be restored to its former glory in the new National Gallery, the wisdom that guided Élisabeth Bruyère in her undertakings will continue to sustain those who have learned to look beyond the limitations of time and space. Here we speak the language of reason : a reason that illuminates the past, a reason that offers comfort and hope for the future.

Jeanne Sauvé
gouverneur général
du Canada

The thought of our past years in me doth breed
Perpetual benediction :

... I raise
the song of thanks and praise

for those obstinate questionings
Of sense and outward things,
Fallings from us, vanishings,

... for those first affections,
Those shadowy recollections,

Which, be they what they may
Are yet the fountain *light* of all our day,
Are yet a master *light* of all our seeing.

Intimations of Immortality
— William Wordsworth

PART I

ROOTED
IN
HOPE

... yet the fountain *light* of all our day,
... yet a master *light* of all our seeing.

Intimations of Immortality,
          — William Wordsworth

PREMIÈRE PARTIE

L'ŒUVRE
S'ENRACINE
DANS
L'ESPOIR

Ainsi le legs
riche en son origine inspirée
investit la suite de l'œuvre
offerte aux générations en devenir.

Mère Élisabeth Bruyère
1818-1876

Elle fonda le Pensionnat Notre-Dame-du-Sacré-Cœur (Couvent de la rue Rideau) en 1869.

Chapitre premier

Vision d'espérance

L'œuvre de Mère Élisabeth Bruyère*

Filles de la Croix, ne vous découragez point dans les grandes difficultés que va éprouver votre entreprise. Lorsque tout paraîtra désespéré, croyez fermement que Dieu ira à votre secours. Soyez toujours bien pénétrées de cette vérité que l'on ne peut rien de soi-même, mais que l'on peut tout avec Dieu. Voilà le secret de faire réussir les plus grandes affaires.

(Monseigneur Ignace Bourget, deuxième évêque de Montréal, le 12 février 1845, s'adressant à quatre Sœurs Grises de Montréal quelques jours avant leur départ pour Bytown[1].)

Dieu et destin étaient synonymes pour certains philosophes, même avant l'ère chrétienne. Élisabeth Bruyère avec toute son énergie, son dévouement et sa vision de l'éducation, a toujours assumé son destin dans le cadre d'une foi inébranlable. Née à L'Assomption, Québec, le 19 mars 1818, de Charles Bruguier et de Sophie Mercier, elle devient orpheline de père à six ans. Elle

* Ce chapitre est inspiré des écrits de sœur Paul-Émile, particulièrement des «Rétrospectives sur le Couvent de la rue Rideau», monographie inédite présentée en 1969, lors du centenaire du Couvent (Sœur Paul-Émile, directrice et professeur au Couvent de la rue Rideau : 1926-1930).

19

fréquente d'abord l'école des Sœurs de la Congrégation Notre-Dame à Montréal. Sa mère, remariée à monsieur Louis Étue, quitte Montréal avec sa famille en 1829, pour s'établir sur une terre boisée dans un rang perdu de Rawdon, Québec. Il n'y existe ni église, ni école. Élisabeth veut s'instruire et, non sans déchirement, elle se sépare de sa mère et de ses deux frères cadets. Elle est alors recueillie chez un cousin maternel, l'abbé Charles-François Caron, curé de la paroisse du Saint-Esprit près de L'Assomption.

Élisabeth continue ses études à l'école de ce village sous la direction de mademoiselle Émilie Caron, future co-fondatrice des Sœurs de la Providence. En même temps, le cousin-tuteur s'intéresse vivement à la formation intel-lectuelle et morale de sa protégée. En 1834, il la juge suffisamment instruite pour prendre en charge la petite école du rang. Élisabeth n'a que 16 ans, mais elle surprend déjà son entourage par la distinction de ses manières et le sérieux de son comportement. Deux ans plus tard, elle est promue à l'école du village Saint-Vincent-de-Paul, à proximité de Montréal. C'est à cette époque que naît sa décision d'embrasser la vie religieuse, grâce à l'influence de sœur Elmire Brault, s.g.m., qui lui fit connaître l'œuvre de Mère d'Youville, la fondatrice des Sœurs Grises.

Accueillie le 4 juin 1839 chez les Sœurs Grises de Montréal, Élisabeth Bruyère y fait profession le 31 mai 1841. Pendant quatre ans, elle prend soin de la salle des grandes orphelines avec autant de zèle que de savoir-faire. Elle se signale ainsi à l'attention de ses supérieures qui la désignent comme fondatrice-supérieure de la nouvelle maison à Bytown. Élisabeth Bruyère a 26 ans.

Le 19 février, le père Adrien Telmon, curé de Bytown, prend place dans un premier traîneau avec sœur Bruyère, une jeune postulante, une aspirante et une domestique, les trois autres voyageuses montent dans la seconde voiture... et les traîneaux glissent sur la neige durcie du matin. La petite caravane part pour l'inconnu, un inconnu qui n'est qu'à 125 milles; on espère l'atteindre le lendemain si la bourrasque n'entrave pas la route.

Le vœu le plus ardent du Père Telmon est enfin comblé. «L'état de la ville de Bytown, avait-il écrit le 24 octobre 1844, à Mère McMullen à Montréal, demande impérieusement de bonnes écoles; il y en a quelques-unes pour les Irlandais; mais telles qu'elles sont, elles ne satisfont ni eux ni leur curé. Il n'y en a point pour les Canadiens (français). L'instruction et l'éducation des enfants pressent plus que tout autre chose... Je vous écris pour vous prier de me donner deux de vos Sœurs pour faire ici l'école dans les deux langues[2]...»

Bytown : l'épouvantail du Canada

La situation sociale de Bytown à l'époque n'est guère enviable. Une hostilité profonde et même parfois violente caractérise les rapports entre les gens de langues et de religions différentes. Parfois des bagarres saisonnières éclatent dans les chantiers de la Gatineau — Bytown était l'épouvantail du Canada. Lorsqu'une famille québécoise restait trop longtemps sans nouvelles d'un fils parti pour les camps de bûcherons de la région, on le pleurait comme mort, en se disant : «Il aura été tué à Bytown.»

D'abord un camp de «voyageurs»
Au temps où la forêt profonde
Voyait les bûcherons passer en ravageurs
Abattant les massifs pour commencer un monde.

Puis, ces visiteurs s'en allant,
Arriva le colon paisible.
Un hameau remplaçait le pauvre camp volant.
La charrue entama le terrain accessible.

Pour ouvrir le canal Rideau,
Des rôdeurs de la pire espèce
Mirent leur campement au centre d'un plateau
Un bouge, ce Corkton, une ignoble kermesse.

La bourgade du fond des bois
Devint presqu'une capitale
Où le clan des Shiners, s'émancipant des lois,
Exerçaient le pouvoir sous la forme brutale.

C'était un terrible pays
Où le droit cédait à la force,
Les horreurs du régime et ses charivaris
Rendaient Bytown fameux comme un coin de la Corse.

La légende a gardé pour nous
Ce vieux souvenir lamentable
Mais, pour les vagabonds, le joyeux rendez-vous
Offrait les agréments d'un séjour délectable.

C'est déjà de l'antiquité.
On sait comment débuta Rome.
La plèbe disparut quand naquit la cité.
À sa place on rencontre un peuple gentilhomme.

(Benjamin Sulte, *Le Droit*, numéro souvenir, août 1926)

Mais quel accueil exubérant réserve aux Sœurs Grises la population de Bytown en ce 20 février 1845. Dès deux heures de l'après-midi, plus de 80 voitures sont stationnées à quatre milles de la ville, près de la résidence de monsieur Thomas Homier, par delà l'embouchure de la rivière Gatineau. Enfin, les deux traîneaux arrivent, c'est l'entrée triomphale. Sœur Thibodeau, pharmacienne, sœur Rodriguez (M.A. Howard), et sœur Saint-Joseph (Marie-Ursule Charlebois) ainsi que deux novices : Élisabeth Devlin et Mary Jones accompagnent le père Telmon et sœur Élisabeth Bruyère.

Chemin faisant, un son de cloche se répercute dans l'air humide. Croyant que c'est le tocsin, les Sœurs demandent où est l'incendie. On leur répond n'en rien savoir. L'air s'ébranlant toujours, elles finissent par comprendre que c'est la cloche de l'église Notre-Dame-de-Bytown qui carillonne la joie de leur arrivée. À quatre heures et demie, les Sœurs entrent dans l'église où la foule les suit. Le père Telmon et son vicaire, le père Dandurand, o.m.i., leur souhaitent la bienvenue en français et en anglais et remercient leurs paroissiens de cet accueil chaleureux.

L'œuvre commence

Dans le prolongement du jardin de l'église, rue Saint-Patrice, se trouvent trois petites maisons de bois, dont l'une appartient à la paroisse. Les Sœurs font de celle-ci leur couvent. Une minuscule chapelle y est promptement aménagée, surmontée d'un clocher où sera installée la cloche offerte aux Sœurs par le forgeron Thomas Brûlé.

À côté du couvent, un passage mène à une cour arrière où se trouve un hangar de 20 pieds sur 18. C'est là que, le 3 mars 1845, s'ouvre la première école bilingue de Bytown; on y inscrit 120 élèves. Le 9 mars, le père Telmon bénit le couvent et l'école. À la messe, célébrée pour la première fois dans la petite chapelle, assistent mesdames Aumond, Bareille et Massé qui deviendront, respectivement, présidente, vice-présidente et trésorière d'une association fondée peu après, pour soutenir l'œuvre des religieuses : la Société des Dames de la Charité de Bytown, ancêtre de la Société Ste-Élisabeth laquelle est disparue.

La première école bilingue de Bytown s'ouvre le 3 mars 1945.

Le progrès ne se fait pas attendre. Deux ans plus tard, en 1849, l'année même où éclate une terrible épidémie de typhus, Mère Bruyère consigne au cahier des «Chroniques» : «Nous avons à nous seules plus d'élèves que toutes les autres écoles de la ville réunies.»

Le 10 mai 1845, le premier Hôpital Général voit le jour; un pulmonaire de 43 ans, Pierre Éthier, et un mulâtre estropié, Jim McDermott, 21 ans, en deviennent les premiers patients. Mère Bruyère se penche sur tous les besoins de l'heure; elle englobe dans une même charité les initiatives pastorales et les urgences d'un village gravement démuni :

• elle inaugure une école du soir pour les mères de famille; on y enseigne prière, catéchisme, lecture, calcul, notions d'économie domestique;
• elle s'adonne quotidiennement à la visite des malades et des vieillards à domicile;
• elle se dévoue auprès des jeunes filles repenties;
• elle inaugure la Maison Saint-Raphaël pour les jeunes émigrées sans emplois;
• elle assure régulièrement la visite aux prisonniers;
• elle assiste les agonisants et, au besoin, ensevelit les morts.

Le Pensionnat

Les annales de la Congrégation des Sœurs Grises de la Croix affirment que l'ouverture d'un pensionnat à Bytown en 1849 fut, de la part de Mère Élisabeth Bruyère, un acte de pure obéissance à l'autorité de son évêque. Sitôt installé sur le siège épiscopal de Bytown, monseigneur Joseph-Eugène Guigues, o.m.i., avait jugé indispensable l'ouverture d'une maison d'enseignement capable de préparer une élite parmi les catholiques des deux langues dans une ville encore embryonnaire, mais qui promettait une croissance rapide et prospère.

Jugeant aussi nécessaire la formation d'une élite féminine, l'Évêque demande à Mère Bruyère d'ouvrir, à l'intention des jeunes filles, une institution qui dispense-rait un enseignement supérieur à celui de l'école parois-siale. La fondatrice allait trouver un champ d'action pour exercer avec profit ses rares aptitudes pour l'enseigne-ment. Elle sera hautement méritée cette appréciation du père Henri Tabaret, qui affirmera plus tard de Mère Bruyère : «Ses vues sur l'éducation devançaient son époque de cinquante ans[3].»

Pour la naissance de l'œuvre, Mère Bruyère peut compter déjà sur plusieurs sujets riches de talents et de ressources. Monseigneur Guigues associe à la direction de ce premier Pensionnat le père Jean-François Allard, o.m.i., éducateur chevronné récemment arrivé de France. Le prélat estime à bon droit que la sagesse et l'expérience de cet éminent religieux seraient d'un grand secours à la fondatrice encore jeune et inexpérimentée dans une entre-prise si délicate.

Ni le père Allard ni Mère Bruyère n'ambitionnent de former des savantes, encore moins des bas bleus. S'ils veulent des jeunes filles instruites, ils les veulent, avant tout, conscientes de leurs devoirs de chrétiennes et de femmes d'intérieur. On ne les éduque pas pour qu'elles soient l'ornement du foyer, mais pour qu'elles en soient le cœur et la vie, et, si elles rayonnent au dehors, que ce soit pour le bien de la religion et de la société. Rien ne sera négligé de ce qui peut leur inspirer une grande éléva-tion morale et le sens pratique de la vie.

Les Sœurs se mettent à l'étroit pour affecter à l'œuvre la totalité du corps du logis de 50 pieds de long qui relie leur petit couvent, rue Saint-Patrice, à ce minus-cule hôpital de sept lits qui deviendra plus tard l'Hôpital Général d'Ottawa.

En mai 1850, la Communauté prend possession de son propre immeuble (qui devient la Maison mère) à l'angle des rues Sussex et Nunnery (aujourd'hui Bruyère). Toutes les œuvres commencées à la rue Saint-Patrice sont

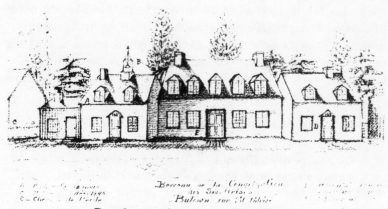

Premier pensionnat, rue Saint-Patrice

confortablement installées sous le toit de cette construction en pierre à trois étages percée de larges fenêtres. Les pensionnaires jouissent de pièces plus nombreuses, plus spacieuses et mieux éclairées. (Cette partie de l'actuelle Maison mère est facilement reconnaissable à sa forte maçonnerie et aux deux cadrans solaires [1850] qui ornent les murs à l'angle sud-ouest.) Un vaste terrain où prendre leurs ébats dispensera les étudiants dorénavant de fréquenter la Pointe Nepean où les collégiens se faisaient agressifs à plaisir. Impitoyable jeunesse!

Pour maintenir le caractère bilingue de l'institution, les élèves des deux langues doivent se mêler pendant les récréations et les promenades, le français et l'anglais alternant d'une journée à l'autre comme langue de communication. Cette pratique leur est un précieux acquis de culture indispensable dans un milieu dont le caractère bilingue s'implante chaque jour davantage.

Pédagogie éclairée

Mère Bruyère dispense aux institutrices des directives qui s'inspirent de la plus saine pédagogie. Femme équilibrée, intelligente et distinguée, douée d'un esprit d'ordre et de logique, elle fait preuve de sagesse dans l'organisation pratique de son œuvre. Profondément humaine, elle comprend les hauts et les bas de la jeunesse à qui elle ménage indulgence et encouragement. C'est une éducation harmonieuse de toute la personne qu'elle préconise.

Dans ses lettres, on peut discerner clairement la philosophie de l'éducation que Mère Bruyère veut instaurer :

> Appliquez-vous à connaître les différents caractères, à les bien conduire par la raison, avec sagesse et prudence.

(3 novembre 1850)

Sa fine psychologie se garde bien de heurter les sentiments des jeunes; elle engage plutôt à sublimer leurs aspirations et leur engouement; c'est ainsi qu'elle écrira au Pensionnat de Buffalo...

> Les petites Américaines aiment ce qui est beau (en occurrence, la danse), eh bien! faites-leur apprécier ce qui est vraiment beau et bon, ce qui est durable comme Dieu lui-même.

(23 avril 1862)

> Faites-vous aimer des élèves; reprenez-les avec douceur, comme des mères, mais soyez fermes, tenez au bon ordre, à l'observance du règlement.

(10 octobre 1871)

Mère Bruyère tenait également à ce que les institutrices favorisent l'esprit d'initiative des élèves comme moyen de développer ce qu'il y a de meilleur en elles et de les former à la pratique des vertus sociales. Elle se réjouit surtout lorsque ces initiatives sont inspirées d'un sentiment de générosité envers les miséreux. Nous lisons dans les Annales de l'Institution :

Avril 1857

> Pâques frappe à la porte. Il faut que les pauvres aient un repas de fête ce jour-là. Quatre Sœurs sont désignées pour

27

faire la sollicitation chez les fournisseurs et les familles amies. Quatre grandes pensionnaires demandent d'être de la corvée. Toutes reviennent les bras chargés. Des voitures bien remplies suivent. Dans la soirée du Samedi Saint, les indigents se présentent au parloir, selon la coutume. Nos quatre demoiselles font elles-mêmes la distribution des aumônes avec une charmante simplicité. Elles trouvent les paroles qu'il faut pour dire leur joie d'apporter soleil et réconfort aux foyers de leurs bons amis.

Mère Bruyère écrivait à la suite de ces lignes :

Heureuses serons-nous si nous pouvons conserver cet esprit de simplicité que nous inspirons à nos élèves. Tant que nous nous maintiendrons dans cet esprit primitif, nous n'aurons pas à nous repentir d'avoir embrassé l'instruction des jeunes filles.

En 1864, monseigneur Guigues confie l'aumônerie du Pensionnat au père Claude-François Gigoux. Ce jeune Oblat venu de France, dont l'ambition était de se rendre en Colombie-Britannique, se voit arrêter à Ottawa par une santé débile. Ses supérieurs l'ont présenté à Mère Bruyère comme un sujet d'élite : jugement droit, grande bonne volonté, esprit souple et entreprenant, piété solide, régularité constante, grande dévotion à la Passion et à la Vierge.

Le père Gigoux a du goût pour l'œuvre. Il s'y donne tout entier. Les institutrices lui font confiance; elles le secondent largement dans les innovations qu'il propose : autant de centres d'intérêt qui insufflent un nouveau courant de vie dans l'œuvre du Pensionnat.

Dès l'automne, un bureau de poste scolaire est établi. Les règlements développent l'initiative des élèves, la discipline, la courtoisie, et la confiance mutuelle. De plus, les élèves se forment, comme en jouant, à l'art d'écrire avec les petits riens de la vie, des lettres naturelles, intéressantes, aimables et spirituelles.

Un bulletin mensuel, *l'Écho*, bilingue à sections égales, relate les activités du mois, des fêtes et des visites.

On y trouve des compositions littéraires, en prose et en poésie, primées au conseil des enseignantes; des mots pour rire, des charades et des rébus de facture originale; des annonces, voire des avis. Le premier numéro, dédié à Mère Bruyère, paraît le 20 février 1865, vingtième anniversaire de la fondation de la Maison mère.

À côté de ce bureau de poste fonctionne la banque scolaire organisée sur le modèle des banques d'épargne : bureau d'administration, système bien défini d'intérêt et d'escompte, cahiers généraux, livrets personnels, système de pénalités pour les négligences volontaires et les infractions aux règlements. La monnaie en circulation est gagnée selon un tarif établi en assemblée des enseignantes. À la fin de l'année, chaque élève retire son argent pour acheter ses récompenses.

Le cours complet est de huit à dix ans, depuis la première année du primaire jusqu'à l'obtention du diplôme. Pour l'ensemble des deux dernières années, les matières se groupent en trois catégories auxquelles s'ajoutent les arts domestiques et les arts d'agrément. Les cours sont bilingues.

Langue :
Grammaire, orthographe, littérature (histoire et textes), composition, lecture à haute voix, traduction et diction.

Mathématiques :
Arithmétique, algèbre et géométrie.

Histoire :
Canada, France, Angleterre, Église ancienne et contemporaine, éléments de mythologie.

Sciences :
Géographie, botanique, zoologie, physique, chimie, éléments d'astronomie et de géologie.

Arts domestiques :
Cuisine, tenue de maison, couture unie, broderie.

Musique :

Chant, piano, harpe, guitare, harmonium.

Dessin :

Fusain, aquarelle, peinture à l'huile.

Vers la côte de Sable...

En 1863, le nombre des élèves atteint 102; en 1868, il passe à 145. Les murs vont craquer si on ne donne pas à l'œuvre un toit séparé. La communauté tourne les yeux vers la Côte de Sable, quartier résidentiel où il se trouve des possibilités d'agrandissement. Elle arrête son choix sur Revere House, propriété de Thomas Mathews, construit en 1863, angle des rues Rideau et Waller. L'hôtel est en pierres, confortable et même spacieux, comptant 45 chambres, six salons, un bar, un fumoir et une salle de lecture. Les Sœurs Grises en font l'acquisition le 29 mai 1869. Le 11 août 1869, les religieuses prennent possession du nouveau Couvent. Monseigneur Guigues en fait la bénédiction solennelle et Mère Bruyère confie le nouvel établissement à la garde de Notre-Dame-du-Sacré-Cœur.

Dès le 19 juin, on annonce dans *Le Canada* que le nouveau pensionnat offrira des chambres privées aux élèves dont les parents le désirent; que les pensionnaires non catholiques auront la permission d'aller chez leurs parents le dimanche et qu'elles ne seront pas obligées de prendre part à l'enseignement de la religion.

Septembre 1870 amène 45 pensionnaires et 150 externes.

Sœur Thérèse-de-Jésus (Martha Hagan), professe en 1847, est assignée à la direction générale de la maison. Elle avait été l'âme dirigeante de la section anglaise du Pensionnat de 1849 à 1869. De 1870 à 1912, cette religieuse d'élite préside aux destinées de l'Institution. Douée d'une solide culture, d'un sens inné de l'éducation et secondée par ses précieuses collaboratrices, elle réussit à infuser

30

une vitalité, à donner une impulsion à son œuvre qui se perpétuera au cœur de ses continuatrices, inspirées de son esprit tout en tenant compte des circonstances nouvelles.

Une année à peine s'écoule que déjà le local est trop exigu. En septembre 1871, on enregistre 62 pensionnaires et 185 externes. Monseigneur Guigues autorise un agrandissement de 80 pieds dans le sens de la rue Waller. Cette aile, en brique, fournit cinq salles de classe, une vaste salle de réception, deux salles de récréation, quelques salles de musique, quinze chambres privées et trois dortoirs.

Cet agrandissement ne sera pas le dernier; il s'en fera cinq autres avant que l'immeuble n'atteigne ses dimensions finales.

En 1884, le nombre des élèves dépasse 300. S'étendre par l'angle Waller-Besserer est l'unique moyen de régler le problème du logement et celui de l'œuvre qui a pris de l'ampleur. Pour libérer le terrain, rue Besserer, la Congrégation achète les quelques maisons privées qui y sont encore debout.

Les travaux d'excavation commencent en mars 1887. Une fois terminée, l'aile neuve — 106 pieds sur 45 — abrite, au rez-de-chaussée, un dortoir pour les grandes pensionnaires; entre les deux, une chapelle encore unique dans la capitale. Cette superbe chapelle, construite selon un plan tracé par l'architecte renommé, le chanoine Georges Bouillon (1841-1932), est solennellement consacrée par monseigneur Thomas Duhamel, archevêque d'Ottawa, le 25 juin 1888.

La chronique du 14 février 1901 donne le signal d'un nouveau branle-bas, celui d'un troisième agrandissement : «Les deux grands arbres de la cour de récréation ont été abattus aujourd'hui avec quelques autres pour faire place à une nouvelle maison qui va être construite sur la rue Rideau. Cet agrandissement est nécessité par le

Pensionnat Notre-Dame-du-Sacré-Cœur (Couvent de la rue Rideau).
L'œuvre du Pensionnat prend de l'ampleur. C'est en 1887-1888 qu'on
agrandit l'édifice du côté Waller-Besserer.

nombre croissant de nos élèves. Nous sommes à l'étroit partout.»

Les plans comportent «un rez-de-chaussée, un vaste parloir qui, en raison de son futur ameublement, sera appelé «le parloir rouge»; au premier étage, une salle pour les religieuses et une bibliothèque destinée à demeurer le mémorial de l'attachement des anciennes à leur Alma mater; au deuxième, des chambres privées; sous le toit, un dortoir pour les petites pensionnaires.» Le 26 juin, on perce le mur mitoyen de l'hôtel Mathews permettant aux portes de communiquer avec l'édifice central de 1869.

Aucune des constructions Waller, Besserer et Rideau n'agrandissait le réfectoire et la cuisine, pièces vitales pour le bien-être des gens de la maison. C'est un réfectoire neuf qu'il faut construire sur l'emplacement du vieux lavoir qui cède sa place sans maugréer. Le 8 juillet 1904 retentissent les premiers coups de pioche des démo-

Pensionnat Notre-Dame-du-Sacré-Cœur (Couvent de la rue Rideau).
En 1901, un autre agrandissement s'impose, rue Rideau cette fois.

lisseurs. La chronique de ce jour rattache à cet événement
le souvenir de trois vaillantes Sœurs qui ont fait œuvre si
méritoire dans le modeste office de buandières.

Le cinquième agrandissement, en 1927, se
rattache à deux événements de majeure importance dans
l'histoire des écoles bilingues de l'Ontario. En juin 1927,
le gouvernement provincial abolit le Règlement XVII et
reconnaît l'École de pédagogie de l'Université d'Ottawa
comme École normale provinciale pour la formation du
personnel enseignant des écoles primaires de langue française. Pour s'y inscrire, il fallait avoir terminé avec succès
les quatre années du cours secondaire reconnu par le
ministère de l'Éducation de Toronto, soit deux années du
Lower School et deux années du *Middle School*, ce qui
constituait l'équivalent de l'immatriculation junior de
Toronto. En raison de quoi, le Bureau des Écoles séparées

33

d'Ottawa s'entend avec les autorités majeures de la Congrégation pour centraliser au Couvent de la rue Rideau les 9e et 10e années qu'elle maintient dans quatre de ses écoles. En même temps et de la même façon, on décide de centraliser les trois cours des élèves des 11e et 12e années. De plus, le gouvernement offre une bourse annuelle de 300 $ à toute élève de l'extérieur qui, ayant terminé sa 10e année, désire faire ses 11e et 12e à Ottawa. Cette disposition ne manque pas d'augmenter le nombre des

Pensionnat Notre-Dame-du-Sacré-Cœur (Couvent de la rue Rideau). Le prolongement de l'aile de la rue Besserer.

1927

pensionnaires et des externes au Couvent de la rue Rideau. Prenant à cœur les bonnes intentions du ministère de l'Éducation et celles de la Commission scolaire, la Congrégation décide de prolonger l'aile de la rue Besserer pour affecter à l'enseignement trois étages de cette aile nouvelle communiquant avec le reste du Couvent par la salle de musique. Vingt-quatre classes y sont installées ainsi que des laboratoires de chimie et de physique, des salles affectées à l'étude des sciences domestiques, la pratique des beaux-arts, etc. Cinq à six cents élèves peuvent y poursuivre leurs études. Les pensionnaires occupent le dernier étage.

En 1964, on agrandit là où il ne reste qu'un endroit disponible, dans le sens de Besserer et Cumberland. On

Pensionnat Notre-Dame-du-Sacré-Cœur (Couvent de la rue Rideau). Agrandissement dans le sens des rues Besserer-Cumberland.
1964

y voit s'élever un magnifique gymnase qui peut se transformer en spacieuse salle de conférence et de réception. Le pavillon offre en outre deux salles de dactylo, les bureaux du père aumônier, ceux des membres du personnel enseignant et une salle à la disposition de l'infirmière de l'école. Le sous-sol offre des vestiaires, des ateliers d'entretien, ainsi qu'une salle à manger pour les externes.

Un nouveau destin

Désormais, il n'y aura plus d'agrandissement au Couvent Notre-Dame-du-Sacré-Cœur de la rue Rideau. La société est en évolution et dessine un nouveau destin pour cette institution. Déjà, depuis 1957, on a supprimé les cinq premières années du cours primaire; en 1960, les trois dernières. En 1959, on dirige toutes les élèves du cours anglais à Immaculata High School, école secondaire sous la direction des Sœurs Grises de Pembroke. Plus important encore, en 1968, l'intégration complète du cours secondaire à celui des écoles secondaires publiques met les autorités de la Congrégation en face d'une réalité impitoyable. De nombreuses élèves de langue française quittent leurs études avant le cours secondaire, les familles à faible revenu ne peuvent pas se permettre d'envoyer leurs filles à des institutions privées quand les cours sont gratuits dans les écoles secondaires publiques de langue française. En juin 1968, 84 élèves terminent leurs études au Couvent de la rue Rideau; c'est la dernière remise des diplômes.

Pendant les trois années suivantes, le Conseil des Écoles secondaires publiques loue du Couvent des locaux pour les classes; 20 religieuses continuent à y enseigner. Puis, le Couvent passe aux mains d'un nouveau propriétaire qui promet de conserver l'édifice et d'en respecter le caractère distinctif. Mais dans les mois qui suivent, tout, sauf la chapelle, tombe sous le pic des démolisseurs!

Faut-il croire que l'œuvre de Mère Bruyère s'écroule du même coup?

Rien ne s'éteint

Mère Bruyère, à la suite d'une longue maladie, s'endort doucement le 5 avril 1876.

Au soir de sa vie, dans sa dernière lettre en date du 24 décembre 1875, Mère Bruyère jette un regard rétrospectif sur l'œuvre d'éducation que lui ont confiée les supérieurs ecclésiastiques du diocèse. Elle exhorte ses Sœurs à la fidélité comme continuatrices de son œuvre :

> Cette mission d'éducatrice est sublime, mais elle est aussi bien rude et parfois remplie d'écueils... Nous avons accepté ce ministère, accomplissez-le généreusement.

Elle leur rappelle la philosophie de l'éducation qu'elle leur a déjà inspirée :

> ...Éduquer, c'est élever l'âme des enfants jusqu'à Dieu, c'est leur faire connaître et aimer leurs devoirs, et quelle tâche difficile! Mais comment y réussir si d'abord, on ne gagne pas leur confiance par les charmes de la simplicité chrétienne.
>
> [...]
>
> Donnez aux jeunes filles une instruction solide qui les mettra à même de remplir dignement leurs devoirs dans la société au sein de laquelle elles sont appelées à vivre. Formez leur cœur à la piété; inspirez-leur des goûts simples et vrais.

Puis, c'est le mot d'action de grâces :

> ...Le nombre croissant de notre humble famille, les bénédictions diverses répandues avec tant d'abondance sur chacune de nous et sur toutes nos œuvres, tout atteste que notre Congrégation des Sœurs de la Charité est l'ouvrage de Dieu seul.

Lumière de vérité sur une mission bien accomplie...

Héritage culturel et religieux légué à ses continuatrices porteuses des mêmes desseins, messagères de la même foi en l'avenir.

Vision d'espérance devenue réalité parmi les anciennes du Couvent de la rue Rideau et du Collège Bruyère, devenues femmes responsables, et rayonnant une influence salutaire dans ce monde d'aujourd'hui.

Chapter 2

One Mind, One Heart

Sister Theresa of Jesus and Her Noble Successors

Doreen Cross-Hennessey

She is a graceful young girl of sixteen, of charming disposition and good health; well up in English and reading French
with fluency. She has been attending our school here, so
we have had the occasion to study her somewhat. I have
been praying that we might get her and have been request-
ing prayers of the pupils in the same intention...when, Lo!
my wish is to be realized.[1]

(Élisabeth Bruyère, foundress of the Bytown Community
of Grey Nuns, to Mother McMullen, Superior General in
Montreal, on the admission of Martha Hagan to religious
life.)

What exactly did Mother Bruyère see in Martha
Hagan? Did she see the dedication and determination to
serve that marked her own life? Did she feel that here
was someone who would labour to expand and refine her
own work? It would seem that, with the enthusiasm
expressed in her letter to Mother McMullen, Élisabeth
Bruyère was indeed already seeing in the "young girl of.
sixteen" a faithful successor.

Sister Theresa of Jesus, s.g.c.
Superior and Director of studies (principal) of
the Rideau Street Convent, from 1870 to 1912.

What of Martha Hagan? What is known of her
early life?

Martha Hagan was born in 1829 in the village of
Sainte-Marie-de-Monnoir, in the Richelieu Valley south of
Montreal. Her parents, Anna and Hugh, were Irish immi-
grants who had come to Bytown following the terrible
famine of 1837. Hugh, a highly educated schoolmaster, had

opened a small private academy on Murray Street where young Martha studied until 1845, when she becomes a student at Mother Bruyère's convent school a few blocks away. Martha is the heart and energy of her family, delighting in discussions where her perceptive views and sharp intellect serve her well. She is also a pious girl, showing already at 15 an inclination to lead a religious life. Only a few months after meeting Mother Bruyère, she decides on her vocation — she, too, will become a Grey Nun of the Cross. Her father expresses dismay over her decision; her favourite brother, Frank, even doubts his dear sister's sanity; but her mother blesses the Lord for the part her daughter is choosing.

From Novice to Director

The young Sister is a novice at the Motherhouse in Montreal. By June of 1847, typhus is rampant on the island so she returns to Bytown, but only to find that the dreaded fever is epidemic here as well. The diminutive hospital established by the Grey Nuns in 1845, adjoining their equally small convent, is miserably inadequate to provide care for the great number of sick and dying. The government finally erects tents on Water Street (now Bruyère Street) on the site of what is now the Élisabeth Bruyère Centre, that had been the Ottawa General Hospital for nearly 140 years. It is in these fetid tents that Sister Hagan, now 18 years of age and accustomed principally to the refined atmosphere of fireside conversations and the companionship of schoolbooks, heroically ministers to the dying while the terror of contagion causes so many to flee.

By the autumn of 1847, the typhus epidemic has dissipated and the school, which closed earlier in the year, reopens. One hundred and fifty pupils are enrolled in the convent school at the Motherhouse, with Sister Theresa teaching the highest English grade.

41

It had always been a struggle to maintain the Catholic schools of Bytown, though Catholics formed two-thirds of the population. The newly designated Bishop of Bytown, Father Joseph-Eugène Guigues, feels the time has come to approach the government of the United Province of Canada to obtain official recognition of the first bilingual school in Ottawa and the only one in Ontario east of Windsor. It is hoped, of course, that with this recognition the school will benefit from the largesse of the public purse. However, it is not until 1850 that the Trustees of the Public School Board finally agree to give the bilingual schools part of the school taxes, provided the teaching Sisters undergo an oral examination to demonstrate their pedagogical proficiency. With three days notice, three candidates present themselves before the county examiners. Things are proceeding very well for the bilingual nuns, until one clergyman starts to question them on Aristotle. The Sisters point out that because they have not yet started to study philosophy, they are unable to comment on the philosophy of Aristotle. Instead of being awarded the coveted first-class certificate, the three Sisters are given a second-class certificate. This is a humiliation that will never happen again. Throughout her mandate as Superior at Rideau Street Convent, Sister Theresa ensures that her Sisters pursue their academic studies.

In 1850, Sister Theresa is appointed Director of Studies at the boarding school located at the Motherhouse. The boarding school aims to provide young ladies with a truly feminine education suited to the style of the day — good religious background, practical housekeeping, and broad intellectual development with emphasis on language and history rather than on mathematics and science. In trying to introduce mathematical studies for girls, Sister Theresa encounters opposition from the more conservative elements; in the 1850s her ideas on education are considered too advanced.

With the selection of Ottawa as the national capital in 1857, and the advent of Confederation in 1867, more

42

families move to this area and the city assumes a new status, a more cosmopolitan air. By this time, with increased enrolment, the boarding school accommodations are inadequate, and a new location is sought.

Hotel Matthews (formerly Revere House), at the corner of Rideau and Waller streets is purchased in 1869; it will become known as Rideau Street Convent. Mother Bruyère has the new boarding school placed under the patronage of Our Lady of the Sacred Heart. In 1870, Sister Theresa is made Superior of the new institution and retains that position until her death 42 years later.

One can imagine Mother Bruyère's sense of fulfilment toward the end of her life to witness that the seed of education, health care, and social welfare that she had planted not too many years before had taken root and become entrenched in the life of the nation's capital! How she must have rejoiced to see young Sister Theresa fully justify her early confidence and expectations. On April 5, 1876, when only 58 years of age, Mother Bruyère dies. On December 24, 1875, in one of her last letters, she writes : "The ever-increasing number of our humble family, the diverse blessings bestowed with such abundance on each of us and on all our deeds, prove that our Congregation of Sisters of Charity is God's work only!"[2]

In her role as Superior of Rideau Street Convent, the full scope of Mother Theresa's talents will come into play. Five generations of pupils are to pass through the institution under her leadership and unique influence.

Administrator and Builder

Mother Theresa is without equal. She is a skilful diplomat, an able financier, and a sound administrator.

Increasing pupil enrolment at Rideau Street Convent means the construction in 1872 of a spacious wing on Waller Street for additional classrooms. The Chapel is added to this wing in 1887; a special jewel in the crown of Mother Theresa's accomplishments.

Canon Georges Bouillon, a priest architect from the Archdiocese of Ottawa, designs the Chapel along the lines of the Henry VII Chapel at Westminster Abbey. Rideau Street Convent Chapel — renowned for its magnificent fan-vaulted ceiling, fine wood carving, and towering cast-iron columns — is consecrated and dedicated to the Sacred Heart of Jesus on June 25, 1888, by Archbishop Joseph Thomas Duhamel. To this day, mention of the Chapel to any living graduate results in a softening of the countenance, a light in the eyes as its memory fills the heart and mind. It is here, in this sanctuary of peace and beauty, that Mother Theresa renews strength and courage as she kneels each morning in prayer at her favourite prie-dieu.

Within the next 16 years, more additions are made to Rideau Street Convent. The playground area is purchased in 1887, and the walls enclosing it are completed in 1892. The final addition is a wing on Rideau Street, which provides a parlour, library, and dining hall. It is a tribute to Mother Theresa's skilful administration that the institution in which she lovingly labours is free of any debt when she passes away in 1912.

Educator

Mother Theresa is a leading educator. Her educational ideals are closely woven with the history of Ottawa, its culture, its aspirations. She has a surprisingly keen and comprehensive knowledge of the world and of public affairs. Aware of the various issues of the day, she sees the changing role of women in society, and ensures that her teaching Sisters maintain high intellectual standards. She makes certain that they have access to advanced courses in mathematics, philosophy, and science taught at the University of Ottawa. Though the emphasis is on scientific subjects, the arts, the humanities, and music are

44

not neglected. Mother Theresa is determined to see that her students enter the world sufficiently well educated to cope with changing times. "The students must be prepared for the realities of life" she often says. A woman of insight,

she knew what she was aiming at — the cultured, well-bred, intelligent, accomplished, home-loving woman. The woman of faith, hope and charity enough to face the realities of life and face them sweetly, strongly, unflinchingly, lovingly : her culture and her breeding qualifying her to lead; her courage enabling her to measure up to her lofty standards.[3]

She often stresses the "necessity of disciplining the will and educating the heart as well as the mind".[4] Her one mission is to bring Mother Bruyère's ideal of education into the life of the students and of society in her own time.

With this philosophy, Mother Theresa understood the concept of integral humanism and applied it to the art of education.

Leader

Mother Theresa's philosophy of education calls for a warm association with her Sisters and the students. Of course, many of the accomplishments of Mother Bruyère and Sister Theresa rested with their devoted collaborators, who found inspiration in the leadership of the Foundress and Superior. Sister Theresa's commanding intellect, her strong will and spiritual influence earn the respect and confidence of all who know her. Writers of the day describe her as a lady in the fullest meaning of the term, characterized by the refinement that culture brings. With the Sisters, she is courteous, considerate, and charming, her many kindnesses inspiring fierce loyalty. For the students, she is a revered and respected figure. Her leadership ability, her sympathetic understanding win her a place in the hearts of everyone.

The oldest living student of the Rideau Street Convent still remembers her winning ways :

45

J'aimais bien sœur Thérèse, la Supérieure. Elle aussi m'aimait. Elle avait un air sévère, mais un cœur d'or. Même très très petite, à quatre ans, j'étais espiègle. Quand je faisais un mauvais coup, les Sœurs m'envoyaient au bureau de la Supérieure pour me faire gronder. Mais j'y courais à toutes jambes parce que je savais qu'elle me donnerait des bonbons.

(Miss Juliette Bourcier was a student at Rideau Street Convent from 1901 to 1917).

Mother Theresa is also a figure to be feared when a student is referred to her office for discipline. Should the punishment be to memorize "Gray's Elegy", the guilty party is advised not to hope that Mother Theresa may forget, but to learn, as instructed, the many stanzas of the poet's musings in a country churchyard.

Hostess

Governors general and other dignitaries are frequent visitors to Rideau Street Convent where they are graciously received by Mother Superior, her Sisters, and the students. Usually, the guests are treated to a *soirée musicale* featuring the talents of many of the young students. Among the distinguished visitors over the years are Lord and Lady Dufferin. Lord Dufferin sings the praises of the Grey Nuns for their labours in educating the young and caring for the sick. The latter service has even been extended, indicates Lord Dufferin, to a member of the vice-regal household. Other personages include Lord and Lady Lisgar, Lord and Lady Young, Lord and Lady Aberdeen, Lord and Lady Stanley, and, of course, the Marquess of Lorne and Her Royal Highness Princess Louise (daughter of Queen Victoria).

Jubilarian

In a lifetime of service one must accept honours that are bestowed, not because one is looking for praise and recognition (and, certainly, Mother Theresa was not

46

looking for praise), but because one must receive with grace the affection and gratitude that is offered.

Martha Hagan was professed as a Grey Nun of the Cross in 1847. Fifty years later, Bytown has become Ottawa and the population has grown from 5,000 to 54,000. Queen Victoria still occupies the throne and is celebrating a glorious reign of 60 years. There is a unique convergence of reasons to rejoice.

On June 10, 1897, at St. Joseph's Church, Wilbrod Street, Archbishop Duhamel celebrates a pontifical High Mass. Mother Theresa occupies a centre aisle pew. Around her, students, past and present, proudly wear golden ribbons in her honour. Reverend Canon Deguire, of the archbishop's palace, delivers a sermon in French, choosing as his text *laudant eam in portes opera eius* (her works will praise her before the people), a fitting theme for the many accomplishments of Mother Theresa as Superior of Rideau Street Convent : "Fifty years ago this morning," he begins, "a young maiden with all the enthusiasm of youth and piety, knelt at the altar and gave her heart to the Bridegroom".[5]

Reverend Father Convroy, Rector of St. Mary's Cathedral, Ogdensburg, New York, then delivers the English address. He speaks of religious life, states that it is not to be seen as a refuge for the weak, for it requires someone of great inner strength and moral courage. He speaks of self-denial, of great love of one's neigbour, and in glowing terms praises Mother Theresa's religious spirit and her splendid contribution to the educational progress and the status of the Rideau Street Convent.

Following the religious tribute, there is a banquet for the 50 members of the clergy who have participated in the celebration of the Mass. In the evening, there is a musical program put on by the students.

The following day, 600 former students gather to sing Mother Theresa's praises and to join with her in listening to a magnificent concert that includes Mendel-son's triumphant hymn of praise "I Waited for the Lord" and Wagner's hymn to the Virgin. There are notables present, such as the Honourable Richard Scott and Mr. Louis Duhamel, brother of the archbishop, who recall Mother Bruyère's vision and the dedication of the Grey Nuns of the Cross.

Mother Theresa retains her vigour for the next 10 years, and continues to earn the admiration and respect of her Sisters, her students, and their parents. The reputation of the Convent of Our Lady of the Sacred Heart flourishes.

June 10, 1907. Queen Victoria is dead; her son, Edward VII, rules. Once again, the Community of the Grey Nuns of the Cross marks another extraordinary accomplishment by the energetic Superior of Rideau Street Convent. Sixty years a nun! The words are spoken in awe : "Sixty years!"

Again, St. Joseph's Church is the scene of the solemn church celebration, this time by His Grace Charles Hugues Gauthier, Bishop of Kingston and head of the Archdiocese of Ottawa. Addresses extolling Mother Theresa's devotion are given by Father E.R. McNally and Father Jules Gavary. A cablegram from His Eminence Cardinal Merry del Val announces a special blessing to Mother Theresa by His Holiness Pius X.

In the afternoon, Mother Theresa receives three dozen American Beauty roses from Governor General Earl Grey. Later, His Excellency pays a personal visit to extend his congratulations. That evening, Mr. Charles Murphy (later, Sir Charles), acts as chairman of an elaborate testimonial of affection by students. In attendance are members of the Roman Catholic clergy, clergymen of other denominations, and distinguished educators from Queen's University, the University of Ottawa, the Ottawa Normal School, and the Ottawa Collegiate Institute, as well as private citizens. Mr. Murphy presents Mother Theresa with

48

$3,200.00, which has been raised by a group of citizens. Mr. M.P. Davis, an Ottawa lumberman, replies on behalf of Mother Theresa to all these outpourings of love and affection.

As *The Citizen* of June 11, 1907, reports, Mother Theresa's diamond jubilee is celebrated with increasingly intense appreciation, such is the recognition of her accomplishments, of the enormous and good influence her presence has exerted for so many years :

> Hundreds of Ottawa's best known citizens of all classes and creeds assembled to do honour to one who, during her sixty years of participation in Ottawa's educational circles, has endeared herself not only to the many pupils she has taught in that time, but to all with whom she has come in contact in her daily duties.

> It is given to very few indeed to be tendered such a unique reception as Mother Theresa received. Elderly gray-haired citizens of Ottawa when the city was in making, and young men at present actively engaged in the affairs of the Capital, vied with each other in heaping congratulations, good wishes, and appreciations upon the venerable head of one whose noble work has made her a household name in hundreds of homes throughout the country.[6]

In educating three generations of young people Mother Theresa has left an indelible impression upon the hearts of all citizens :

> In person or through her pupils she has been identified with the city's progress — she may be said to have watched by its cradle and to have seen it grow from infancy into the full vigour of municipal life — and it is, therefore, most appropriate that her fellow-citizens should be the first to greet her upon rounding out a teaching as well as a religious career that exceeds in length the years of the city itself.[7]

In the *Evening Journal* of the same day, there is a simple summation of the affection of the people of Ottawa from the scholarly pen of Dr. John Francis Waters :

> All the people of Ottawa, without distinction of race or creed, offer their felicitations saying still with one accord, *ad multos annos*.[8]

49

Mother Theresa lives for another five years. Her bearing is still proud, her carriage erect as she continues to consecrate herself to her beloved convent until the last moments. In the early morning of January 11, 1912, while preparing for mass, she suffers a stroke from which she does not recover. She dies on February 7, 1912, at the Rideau Street Convent.

Sixty priests from various dioceses and clergymen of other denominations gather for the funeral mass. Religious communities from far and wide send representatives to join the sorrowing Grey Nuns of the Cross. Former and present students — bereaved daughters — with their parents, and civic and national dignitaries, fill the pews. There is a pervading sense of loss and sadness. "It is a bright, still morning, with the cold frosty beams of the wintry sun fairly transporting the Capital"[10] as the Church bids a fond and loving farewell. Mother Theresa's body is borne from the convent, some 400 students and Sisters follow the cortège some ways, loathing to part with the Mother they have known and loved for so long. *Requiescat in Pace.*

Fond Remembrance

Mother Theresa had endorsed the establishment of an alumnæ association, founded by the dean of the teaching staff, in keeping with the universal spirit of the times to promote greater opportunities for the education of women. This group of graduates has proved to be a source of encouragement and support to the Sisters as well as to the students of the Rideau Street Convent.

In fond remembrance, October 15, the feast day of Mother Theresa, has always had a very special significance for the whole Convent household. The keeping of St. Theresa's day becomes a tradition held dear by the alumnæ, by the former students as well as by those in actual attendance. It is celebrated with prayer and flowers, entertainment and congratulations to her successors.

A Legacy

In 1845, four Nuns from Montreal headed by Mother Élisabeth Bruyère arrived in Bytown in response to Father Telmon's plea for aid to educate the children, help with the sick and dying, and assist the poor and homeless.

At the time of the death of Élisabeth Bruyère's protégée, Mother Theresa, in 1912, the community of Grey Nuns had some 800 members.

Today, the vision of those pioneers has perhaps exceeded even their fondest dreams. The medical institutions they helped to create provide health care of the highest calibre. Remote areas of our country are served by devoted missionaries who follow proudly in their footsteps.

Excellence in learning has always marked the teaching institutions of the Grey Nuns (now known as the Sisters of Charity at Ottawa). The educational ideal of Mother Élisabeth Bruyère and her Sisters, of Mother Theresa and her collaborators, was assumed by successive generations of dedicated superiors and principals who, in turn, faithfully "re-found" the Institute to meet the needs of the times.

Following Mother Theresa (1870-1912) as superior and director of studies (principal) were Sister Roby (1913-1914); Sister Olier-du-Saint-Sacrement (1914-1920); Sister Marie-Agnès (1920-1921); Sister Joseph-du-Sacré-Cœur (1921-1924); Sister Bernardin-de-Sienne (1924-1926); Sister Sainte-Laure (1926-1929).

As of 1928 the roles of superior and principal were assigned as separate tasks to the Sisters.

From 1929 to 1971 the superiors who succeeded one another were Sister Marie-de-Lourdes (1929-1933); Sister Louis-Paul (1933-1939); Sister Marie-du-Bon-Secours (1939-1942); Sister Louis-Joseph (1942-1945); Sister Marie-

Rachel (1945-1951); Sister Marie-Immaculée (1951-1954); Sister Sainte-Marie (1954-1960); Sister St-François-de-Sales (1960-1963); Sister Sainte-Marie (1963-1968); Sister Cécile McGuire (1968-1971).

From 1928 to 1971 the successive principals became Sister Saint-Albert (1928-1933); Sister Marie-Rachel (1933-1943); Sister Sainte-Hortense (1943-1950); Sister Saint-Irénée (1950-1957); Sister Marie-Gaëtan, Marie L. Labonté (1957-1960); Sister Marie-de-Béthanie, Marguerite Myre (1960-1962); Sœur Sainte-Marie, Marie Landreville (1963-1968); Sister Agathe Gratton (1968-1971).

Soeur Agathe Gratton, s.c.o.
Last Principal of the Rideau Street
Convent school, from 1968 to 1971.

As students of the Rideau Street Convent, we feel very grateful towards our teachers for the cultural heritage they have bequeathed to us. We are aware, as never before, of the depth of their personal commitment, the excellence of their professional competence, their strong evangelical dynamism and fidelity to the spirit and fundamental educational vision of Mother Bruyère. They have left us a legacy which helps us to meet the challenges of our times. The students who have gone forth from our Convent are serving in all parts of the world. With their moral courage and cultural ideal they are in turn proving worthy successors to the teachers who inspired them to exceed their reach while in the service of others. For that our nation is richer and grateful.

Each former student can look back upon her years at the Rideau Street Convent and name a teacher who, for her, has upheld the educational ideals of Mother Theresa.

To these devoted teachers, we say thank you!

PART II

GROWING
UNDER
THE STAR
OF THE
VISION

[As a child ...]
  every common sight
  to me did seem
  apparelled in celestial *light* ...

My youth ...
  on the way attended
  by the *vision* splendid ...

Intimations of Immortality,
            — William Wordsworth

DEUXIÈME PARTIE

GRANDIR
À
LA LUMIÈRE
DE L'ÉTOILE

Aux trouvailles étonnantes
en l'enfant se noue le désir
de vivre partout en tout temps
en quête d'un hommage ultime
dont le centre lui échappe.

Le monde immense greffé au cœur
assombrit parfois le regard
brouille le sourire
l'âme se confond
entre la hauteur et la profondeur
... altus, alta, altum.
                    — Andrée Lacelle

Chapitre 3

Cours classique français

Vers un humanisme intégral

Introduction

L'évolution des cours offerts au Pensionnat Notre-Dame-du-Sacré-Cœur a toujours été fidèle au programme tracé par Mère Bruyère en 1849 : former des jeunes filles cultivées, avant tout conscientes de leur devoir envers Dieu et son Église, et envers la société.

Au début, les élèves, pensionnaires ou externes, suivent un cours d'une durée de huit à dix ans, en français ou en anglais, reconnu comme «Cours du Couvent». Le couronnement des études est la médaille-diplôme que les anciennes des premiers jours portent avec tant de fierté.

Plus tard, avec les temps nouveaux et l'exigence de diplômes d'enseignement, de comptabilité et de soins de santé, la gamme de cours offerts au niveau secondaire devient plus complète. Les cours primaires, de la 1re à la 8e, suivent le programme d'études du «Cours du Couvent» jusqu'à la fin, en 1960, tout en s'inspirant des cours primaires provinciaux.

En 1910 s'amorce une ère de grand progrès pour le Pensionnat. On établit le cours d'immatriculation junior (9e à 12e) de l'Université d'Ottawa, mais bientôt ce cours

Les finissantes
1898

ne suffit plus aux besoins des étudiantes et les autorités du Pensionnat y ajoutent successivement les cours d'immatriculation junior provincial, anglais en 1925 et bilingue en 1927.

Avec ce magnifique progrès, le Pensionnat n'est toutefois pas encore à son apogée. Les Sœurs Grises de la Croix comprennent que la collectivité a besoin de femmes éclairées, aux convictions profondes, et elles offrent à leurs étudiantes les avantages des études universitaires au niveau du baccalauréat. Une nouvelle section, le Collège Bruyère, affiliée à l'Université d'Ottawa, s'ouvre en 1925. Deux élèves se présentent d'abord, puis d'autres suivent, si bien que le Collège, lors de sa fermeture en 1968, compte au-delà de 250 étudiantes.

L'ouverture en 1928 d'une classe d'*Upper School (Senior Matric)*, reconnue plus tard comme «13e année», permet à l'École normale de l'Université d'Ottawa de former des professeurs attitrés au niveau de certificats de «1re classe», alors que le *Middle School*, suivi d'une année de pédagogie, ne décerne que le brevet de «2e classe».

Le cours commercial, organisé en 1900, se développe de façon parallèle au cours d'Immatriculation. En 1931, le malaise économique qui prévaut oriente de nombreuses jeunes filles dans la voie du travail de bureau. Le cours se perfectionne. N'y sont admises que les finissantes de 10e année; le cours ne tarde pas à s'intégrer comme option dans le programme de l'Immatriculation junior de Toronto.

Au cours des dernières décennies, les registres du Pensionnat comptent chaque année plus de cent noms de finissantes des cours d'Immatriculation et commercial. C'est dire que l'œuvre a progressé de façon merveilleuse.

En 1950, l'Université d'Ottawa supprime son propre cours d'Immatriculation junior et le remplace par celui de Toronto. Le Couvent Rideau fait de même. Parents et étudiantes acceptent d'autant plus volontiers ce changement qu'il donne accès à l'École normale de l'Université d'Ottawa, et aux cours d'infirmière et de technicienne dans les hôpitaux attitrés par Toronto.

Cours primaire

1869-1960

Jeannine DePocas-Dehoux

C'est un 8 septembre. Cartable sous le bras, l'autre main blottie dans celle de ma mère, alors que l'univers est ébranlé par des rumeurs de l'imminence d'une guerre, je fais mon entrée à l'école du Couvent de la rue Rideau.

Ce matin-là, j'étrenne mon uniforme d'écolière, une robe de serge noire avec un pli plat devant et d'autres tout autour, une poche, à droite, dissimulée dans un pli pour y glisser un petit mouchoir en dentelle et plus tard, un chapelet. Au cou, un collet blanc, empesé, et, aux bras, des poignets d'un matériel rigide complètent l'ensemble. Les bas et les souliers noirs sont de rigueur. Les bijoux ne sont pas permis. Seul est toléré un ruban blanc pour retenir les cheveux. Conçu pour conférer de l'importance aux études et encourager les élèves à se bien tenir, cet uniforme simplifie également la vie des parents lorsqu'ils habillent leurs enfants pour l'école.

Au moment d'entrer dans l'école, une angoisse soudaine m'étreint. L'immense construction austère en pierres, dont le toit se perd dans le feuillage des ormes et des érables de la rue Besserer, la muraille haute de

Élèves de troisième et quatrième année
1944-1945

huit pieds qui entoure la cour et en cache les merveilles, tout cela ne justifie-t-il pas mon angoisse?

Je me revois en classe en ce premier jour. Quelle indignation muette soulève mon cœur d'enfant! Parmi mes compagnons de classe, je compte quatre garçons! J'en connais un, ce polisson qui a tiré mes tresses et insulté ma poupée l'été dernier. Qu'à cela ne tienne, je me ferai couper les cheveux!

Le costume de la religieuse me fascine. Comment cela peut-il bien tenir? Pourquoi encadre-t-elle sa figure d'un petit bec au front et de deux grosses boucles? Mystère toujours non résolu. Sa croix brille. Elle sourit et ses yeux s'allument. Trois petits coups secs avec son anneau sur le bord du pupitre et nous ne bougeons plus. «Mes petites demoiselles et jeunes messieurs, mon nom est sœur Marie-Reine.» Nom légendaire, puisqu'elle enseigna l'abc à des générations d'enfants.

L'apprentissage est commencé. Cette femme au magnétisme étonnant exerce sur nous une emprise extra-ordinaire. Pas question de lui désobéir, même pas d'y songer.

En l'espace d'un an, nous apprenons à lire couramment, à compter, à additionner et à soustraire, à nous asseoir bien droit sans bouger inutilement, à tenir nos petites mains jointes sur le bord du pupitre pour écouter attentivement les leçons, à répondre lorsque interrogés, à marcher sans bruit, à être polis et que sais-je encore.

Elle nous prépare aussi à la première communion. Perfectionniste, elle exige la perfection. Sur le tapis déroulé dans la nef centrale de la chapelle, il faut nous voir marcher deux à deux, lentement, posément, aisément, à égale distance. Pour faciliter la tâche, elle nous dit de poser le pied uniquement à chaque deux fleurs du tapis. Une fois bien entraînés, il faut marcher la tête haute sans regarder

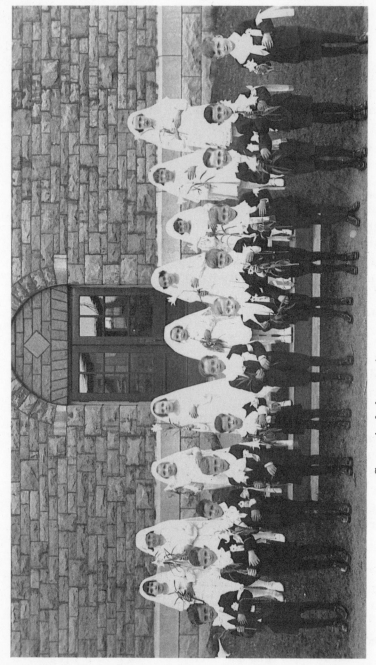

Souvenir de la première communion, le 5 mai 1936

64

nos pieds. Même en entrant dans les prie-Dieu, la procession doit se dérouler de façon synchronisée.

«Ces répétitions sont fastidieuses, mais rien n'est trop beau pour recevoir Jésus,» précise-t-elle en nous incitant à supporter notre fatigue pour préparer nos cœurs. «Pas de girouettes,» ajoute-t-elle. Ainsi, le grand jour étant arrivé, nous n'oserons détourner la tête pour voir où sont papa et maman. Il ne faut s'occuper que de Jésus qui vient vers nous pour la première fois.

Le temps passe...

Le temps passe et les souvenirs des années qui suivirent s'estompent un peu. Mais je me rappelle que nos classes étaient peu nombreuses; ainsi, d'une année à l'autre, des liens d'une amitié indéfectible se nouaient entre nous, liens qui nous unissent encore aujourd'hui. Les institutrices, toujours bien préparées, pouvaient nous consacrer beaucoup d'attention. L'accent portait sur le français écrit et parlé. Oui, j'en ai conjugué des verbes en devoir à la maison : les réguliers et les irréguliers. C'est avec un soupçon de malice que j'osai glisser dans une composition «Vous lui plûtes et l'épatâtes.» (Le professeur ne l'a pas apprécié.) Et l'orthographe donc! des combats d'épellation tous les vendredis. Quant aux rédactions, elles étaient routine hebdomadaire.

Pour le français parlé, nous recevions une fois la semaine des cours de diction, donnés par mademoiselle Blanche Sabourin. Il fallait nous entendre seriner :

a - bec - é - bac - o - bic - u - bac
a - dec - é - dac - o - dic - u - dac
a - fec - é - fac - o - fic - u - fac... et ainsi de suite jusqu'à z, articulant chaque consonne avec un tantinet d'exagération. Suivaient les exercices pour nous délier la langue comme
Petit pot de beurre, quand te
dé-petit-pot-de-beurreriseras-tu?

Je me dé-petit-pot-de-beurreriserai,
quand tous les petits pots de beurre se seront
dé-petit-pot-de-beurrerisés.

Puis, l'on passait aux monologues ou aux poésies qu'il fallait mémoriser en alliant l'expression de la voix à l'aisance du geste. En fin d'année, un concert; au programme : récitations individuelles et en groupes ainsi que saynètes avec costumes.

L'anglais n'était pas négligé. On avait des *spelling bees* une fois la semaine, et une leçon d'anglais par jour. Une petite copine de langue anglaise habitait près de chez moi. Nous faisions route ensemble pour aller au Couvent. Elle suivait le même cours que moi, sauf dans sa langue maternelle.

Les cours de religion étaient sacrés. À l'horaire on en prévoyait un pour tous les jours, après le repas du midi. Passives, nous écoutions ce cours, comme s'il s'agissait d'une science. La morale tenait une grande place comme le voulait la coutume de l'époque. Il faut cependant reconnaître qu'on a fait de nous des femmes honnêtes, délurées et croyantes sinon toujours pratiquantes. Le vendredi était réservé à l'histoire sainte. «Raconte l'histoire de nos premiers parents», dit l'institutrice de deuxième année en désignant l'ineffable Claudette. «Pour faire Adam, le Bon Dieu prit de la boue et Il tailla Ève dans un de ses vieux «coats». Voilà pour la Genèse et nos origines!

En début d'année, trois jours étaient consacrés à une retraite prêchée. La tête recouverte de nos voiles blancs de communiantes, nous allions à la chapelle, en silence, prier et écouter les sermons qui nous enjoignaient à prendre mille bonnes résolutions afin de tendre vers la perfection. Nous en sortions libérées et heureuses d'avoir fait le ménage intérieur et reposées de ne pas avoir eu d'école.

Une grande importance était accordée à l'histoire du Canada. On apprenait les faits et les dates : 1492 — Colomb; 1534 — Cartier; 1608 — Champlain; 1642 — Maisonneuve; 1660 — Dollard; 1837 — les Patriotes; 1867 — la Confédération, ainsi de suite. Prise de nervosité au cours d'un examen, devant une série de dates dont il fallait donner l'importance, une élève de 8e année ne trouva rien de mieux à faire que de les additionner!

Cela me rappelle qu'en 4e année, au cours de géographie, il nous fallait nommer cinq baies du Québec. Saviez-vous qu'il y avait la Baie d'Hudson, la Baie James, la Baie des Chaleurs, la Baie de Fundy et la Bédoune Gava (Baie d'Ungava). Ah! ces petits cancres noyés dans un océan de connaissances; s'ils savaient combien ils nous rafraîchissent l'esprit!

Certaines suivaient des cours de piano une ou deux fois la semaine. Pour plus d'une petite main, il aurait fallu réduire les octaves à sept notes. Avec quel attendrissement papa et maman me faisaient inlassablement jouer «Nini et Bébé» devant nos visiteurs. Que de professeurs émérites ont ainsi fait germer en nos âmes d'enfants le goût de cet art si spirituel et ont cultivé chez les plus doués un talent qui les rendra célèbres.

D'autres élèves maniaient le pinceau sous la tutelle magistrale de sœur Marie-Lucille. Quant à nous, les petites, l'on apprenait à tenir le crayon avant de manier le pinceau. À l'exposition annuelle des tableaux, un petit coin était réservé à nos premiers dessins les plus réussis. Cette exposition révélait au public l'excellence du maître qui avait su développer l'embryon d'un talent chez l'artiste en herbe.

Tous les jours, l'institutrice regardait les devoirs et demandait les leçons. Seul un billet écrit des parents pouvait justifier l'omission d'un travail. Pas question d'avoir recours au «j'ai oublié». Un devoir non fait méritait à l'élève une verte semonce en plus d'un pensum après les cours. Ça, mesdames, c'était de la discipline. On n'en meurt pas.

Je crois même qu'on s'en est tiré à bon compte, avec un sens du devoir et de la responsabilité bien formé.

Ma matière préférée resta, pendant cinq années, la récréation. Qu'il était béni ce quart d'heure où enfin on se délassait les jambes, en mordant dans une pomme et en se disputant les balançoires. La cour était ombragée d'arbres séculaires. Je revois en pensée deux de ces arbres qui rejoignaient leur faîte bien haut au-dessus de la statue de la Vierge et semblaient écouter et partager dans la brise les secrets que des élèves, appuyées sur les troncs rugueux et ridés, confiaient à cette bonne Mère. La statue, grandeur nature, avec l'Enfant dans ses bras, était toute blanche. Reposant sur un socle de béton et abritée d'un toit de bois soutenu par quatre poteaux, elle était installée au centre d'une estrade de ciment entourée de deux marches. Aux fêtes mariales d'octobre et de mai, la cour résonnait de nos cantiques et prières «J'irai la voir un jour...».

Comme tous les enfants du monde...

En été, comme tous les enfants du monde, on jouait à la marelle et on sautait à la corde sur l'allée pavée. En hiver, les bonshommes de neige faisaient sentinelles et le terrain de tennis se transformait en patinoire.

Vous vous souvenez des grandes fêtes? Je veux dire celles qui entraînaient un congé de devoirs ou une diminution des heures de cours? Après avoir rendu nos hommages, soit à l'aumônier, à la supérieure ou à la directrice, par une cantate, une adresse et l'offrande d'un bouquet spirituel, nous terminions par le Salut du Saint-Sacrement à la chapelle. L'odeur de la cire d'abeille et des gerbes de fleurs, le scintillement des flammes symboliques des chandeliers et des lampions, ainsi que le cliquetis des chaînes de l'encensoir d'où s'échappaient des volutes parfumées, m'envoûtent encore... sans parler des enfants de chœur!

Ce qui a le plus marqué mon enfance au Couvent, ce fut le silence. Ce silence qu'on observait dès qu'on y mettait les pieds. (Mais Dieu seul sait combien il était bon de l'enfreindre.) Insolent et superbe, le silence entra dans ma vie comme un hôte sans visage qui donne l'illusion d'arrêter le cours du temps. Peu à peu je fis sa connaissance; il m'apprivoisa. Grâce à lui, j'appris à réfléchir, à rentrer facilement en moi-même et à m'y trouver bien.

Je n'ai que gratitude pour la formation reçue. Formation empreinte de fermeté, de renoncement et d'appels à se dépasser.

Adieu mon Enfance. Bonjour Demain.
Une vie toute neuve s'ouvre devant moi.
En septembre, j'entre au secondaire!!!
Et puis, pourquoi taire plus longtemps
Ce que je pense tout bas?
Après huit ans passés au premier,
Enfin je serai au deuxième étage!

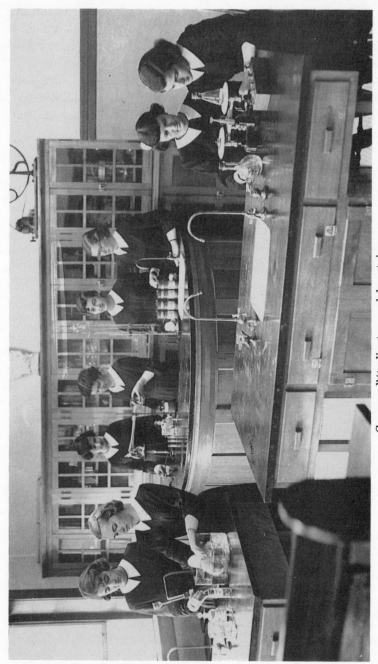

Groupe d'étudiantes au laboratoire.

Cours d'immatriculation universitaire

1910-1950

Gabrielle Laviolette

Le professeur qui se promène parmi ses disciples à l'ombre
du temple ne donne pas une partie de sa sagesse, mais
plutôt de sa foi et de son amour.
Et en vérité, s'il est sage, il ne vous invite pas à entrer
dans la maison de sa sagesse, mais il vous conduit plutôt
sur le seuil de votre propre esprit[1].

Le cours d'immatriculation universitaire, donné
en vertu d'une affiliation avec l'Université d'Ottawa, offrait
un programme identique à celui du *Middle School* de l'Ontario. Les élèves étant peu nombreuses en 11e et en 12e
années, les deux niveaux étaient groupés dans une même
classe et le programme alternait chaque année.

Septembre 1928

Je ne me souviens plus très bien de la première
année du cours d'immatriculation universitaire. Dans ma
mémoire, elle se confond avec celles des cours des classes
élémentaires suivis à la Maison mère des Sœurs Grises de
la Croix. C'était au temps, je crois, où mon cœur d'adolescente s'ouvrait aux merveilles de mon univers.

71

C'est dans la classe de deuxième année d'immatriculation que j'ai vécu pleinement ma vie d'étudiante, sous la tutelle d'une grande dame qui portait nom aussi noble que sa personne, sœur Blanche-de-Castille. Nous l'aimions bien; nous l'avions surnommée «dignité personnelle». La noblesse qui la caractérisait et la richesse de son intelligence étaient pour moi une source où je puisais à pleines mains. Sa science pédagogique, frappée du sceau d'une méthodologie sûre et pertinente, m'a profondément marquée. Elle incarnait la devise du pensionnat *Age quod agis* (Fais bien ce que tu fais).

Ces quatre années ont rempli mon âme de soleil. La richesse de la langue française, la botanique, l'histoire de mon pays, l'anglais, le latin envoûtaient mon esprit avide de savoir. J'étais quelque peu dépassée par le calcul algébrique et les figures géométriques et je détestais souverainement la physique et la chimie. À quoi bon connaître les symboles de l'eau ou du sodium, à quoi peuvent bien correspondre H_2O, SO_2, CO_2? Je laissais cela aux grands savants qui s'amusent avec des éprouvettes. L'histoire des civilisations du Moyen Âge et la science des fleurs me fascinaient. C'était la langue française surtout qui transportait mon cœur. Sa prose et sa poésie étaient pour moi une douce musique, une véritable harmonie. *Athalie* de Racine, *Polyeucte* de Corneille, *La Fille de Roland*, neveu du grand Charlemagne, vibraient avec plus d'affinité dans mon cœur. Ces grands classiques que les philosophes du cours des arts montaient sur les planches de la salle de musique, en fin d'année scolaire, avec la majesté et l'habileté d'artistes professionnelles, me plongeaient dans l'émerveillement.

Je rêvais tantôt d'être historienne, tantôt poète, même de jouer sur scène, car j'ai bénéficié de cours d'élocution française donnés par monsieur Claude Mélançon du Conservatoire de Montréal.

J'aimais bien la littérature anglaise aussi. L'Évangéline de Longfellow nous faisait verser autant de

Les femmes savantes
Molière
Un groupe d'élèves de 11ᵉ année interprètent la scène
où Tissotin lit ses vers dans le salon de Philaminthe.

larmes que Gabriel qui pleurait la perte de sa douce fian-
cée de l'Acadie. Je pense aussi à "On His Blindness" de
John Milton qui chante sa cécité dans une poésie empreinte
d'une profondeur d'âme. Byron nous entraînait véritable-
ment avec ses rythmes hurlants comme des loups qui
pénètrent dans la bergerie, "The Assyrians came down
like a wolf on the fold," lit-on dans "The Destruction of
Sennacherib". J'ai cueilli là les fruits savoureux de la littérature et j'ai voulu les faire goûter à mes élèves pendant
ma carrière de professeur d'anglais dans les écoles
secondaires.

Le rythme de la poésie française et anglaise
déployait devant moi tantôt la beauté de l'arc-en-ciel, "My
heart leaps up when I behold a rainbow in the sky", tantôt
la paix du soir, évoquée par les douces paroles de Lorenzo
de Shakespeare dans son *Merchant of Venice* : "How sweet
the moonlight sleeps upon this bank."

Tout comme un grand nombre d'anciennes du
Couvent Rideau, je me souviens des longues heures de
répétition au piano dans la grande salle de musique. À une
certaine époque, les débutantes travaillaient sous la direction de la rigide et sombre sœur Saint-Olympe. Que le bon

73

Dieu des pianistes ait pitié de son âme! Par la suite, sœur Louis-Joseph, virtuose du piano et professeur émérite, prit la relève. Elle transformait, telle une magicienne, la mélodie la plus simple en une symphonie majestueuse ou en une tendre berceuse. J'en ai gardé le plus touchant des souvenirs! Son talent m'émerveillait autant que sa noblesse. À mon avis, on doit lui avoir confié là-haut la direction du chœur des anges.

Pour sa part, la directrice de chant, sœur Joseph-Angélina, par sa voix de velours et son accent à l'italienne, nous laissait sous l'impression qu'elle devait être chanteuse d'opéra avant de prendre la «robe grise» des sœurs.

Fleurs de myosotis
Fleurs de souvenance

J'ai aussi dans mon jardin «Fleurs pétillantes de rire». J'en cueille quelques-unes pour le plaisir de mes anciennes élèves :

Pompes funèbres du petit poisson rouge
dirigées par
les étudiantes de la troisième année
d'immatriculation
en la présence de notre professeur
sœur Hermine-de-Marie.

Patiente comme un ange, elle en a vu de nos fredaines. Par un bon matin de printemps, ce «petit poisson rouge», qu'elle nourrissait fidèlement, a été trouvé gisant au fond de son minuscule aquarium. Une idée farfelue des plus grandes de la classe : célébrer des funérailles à 13 h 15. Pas question de publier son décès parce que le petit poisson rouge n'est pas friand de publicité. Je n'ai jamais su si la pauvre sœur Hermine s'était retirée au vestiaire pour rire ou pleurer; chose certaine, elle ne savait jamais gronder ses grandes.

Je m'en voudrais d'oublier les billets doux, glissés à l'insu du père aumônier, dans le ruban de son chapeau posé sur la patère au fond de la chapelle. Ces petits mots, destinés à la gente masculine de l'Université d'Ottawa, devaient être d'une douceur exquise. J'ai appris l'existence de ce stratagème d'un de mes frères, alors servant de messe, qui agissait bien innocemment à titre de messager. Je ris d'émerveillement devant tant d'ingéniosité. C'est la jeunesse!

Juin 1932

Me voilà parmi les heureuses diplômées du cours d'immatriculation universitaire. Quelle apothéose que les collations de grades à cette époque! La gerbe de roses que nous posions si délicatement sur nos genoux, par crainte de froisser leurs frêles pétales, couronnait douze années d'étude. Le tapis rouge sur les gradins et le satin écarlate paraient de majesté le fauteuil du président, monseigneur Casulo, délégué apostolique. De l'estrade, les deux magnifiques piano forte vibraient des mélodies de circonstance. Avec une grâce timide, chaque «petite grande» demoiselle du Pensionnat Notre-Dame-du-Sacré-Cœur saluait à la française, descendait les gradins et s'agenouillait devant «Sa Grandeur» qui remettait les prix au mérite. Quel honneur en effet de recevoir la médaille de la Légion d'Honneur, offerte par l'Ambassade de France, à la plus méritante des quatre années du cours d'immatriculation. On se sentait si joyeusement petite devant tant d'éclat. C'était l'époque des médailles d'or et d'argent. On les retrouve aujourd'hui, précieuses comme des perles fines, dans des boîtiers de velours, et on se souvient...

> Ainsi, dans mon jardin
> Fleurs de myosotis
> Fleurs pétillantes de rire
> Pétales de roses ...

toutes, fleurs au parfum exquis de la délicatesse du cœur et de l'esprit.

Après douze années d'étude et de formation solide et vraie, une étape est franchie.

Septembre 1933

Les portes du Collège Bruyère s'ouvraient à une douzaine de nouvelles étudiantes originaires du Couvent Rideau même ou de l'École normale de Hull.

Toutes poursuivaient l'étude du français, de l'anglais, du latin, avec le mystérieux *Énéide* de Virgile, mais il s'agissait d'études universitaires cette fois. En outre, sœur Saint-Vincent-Ferrier nous faisait goûter la saveur de la langue italienne.

L'histoire de France me ravissait. Sœur Marguerite d'Youville, notre professeur, saluait ses élèves d'un «Bonjour, mes filles» tellement digne et gracieux que nous aimions croire qu'elle devait être originaire de la cour des rois de France avant de prendre le voile.

J'ai quitté les études pendant quelques années. Je désirais ardemment me lancer dans l'enseignement. Lors de sa visite à Québec, le 9 septembre 1984, Jean-Paul II déclarait :

> Votre culture est non seulement le reflet de ce que vous êtes, mais aussi «le creuset» de ce que vous deviendrez[2].

Cette culture entière de l'esprit, de l'âme et du cœur, qui nous avait enrichies tout au long de nos années d'étude chez les religieuses du Couvent de la rue Rideau et du Collège Bruyère, j'ai eu le bonheur de la transmettre au cours de ma carrière d'enseignement aux jeunes étudiantes de cette même institution. J'ai voulu façonner les personnalités adolescentes de mes élèves à la richesse de cette formation morale, de cet émerveillement devant ce qui est vérité et beauté.

L'année 1969 marquait le centenaire du Pensionnat Notre-Dame-du-Sacré-Cœur. À cette occasion, j'ai cueilli dans le jardin de ma mémoire ces fleurs que je cultive fidèlement et qui ne cessent de m'émerveiller :

> Fleurs de myosotis
> Pétales de roses
> Fleurs pétillantes de rire ...

76

pour en faire une gerbe d'honneur, expression d'une fidèle amitié et d'une gratitude profonde à ces éducatrices émérites qui ont fait battre le cœur centenaire de mon Couvent Rideau de toute la richesse spirituelle et éducative qu'elles ont transmise. Il devait battre trois ans de plus... «Ce qu'il a donné à boire était comme une musique, il habillait les cœurs...».

L'année 1972 a vu tomber les pierres de notre cher Couvent. Une à une, les étoiles s'éteignirent dans le ciel de cette fière maison. Anciennes, ne la pleurez pas : le Petit Prince de Saint-Exupéry, dans sa sage petite tête, le disait bien : «On ne voit bien qu'avec le cœur. L'essentiel est invisible pour les yeux[3].» En effet, l'invisible est l'essentiel pour le cœur qui se souvient.

Cours secondaire provincial

1927-1971

Sœur Françoise Bélanger, c.s.c.

> Lundi, 6 septembre 1927 : entrée des élèves de la Commission scolaire. Bon contingent de filles intelligentes et distinguées[4].

Cette citation, tirée des chroniques du Couvent Notre-Dame-du-Sacré-Cœur, allume la flamme du souvenir chez celles qui ont vécu cette journée mémorable. Nous arrivions littéralement des quatre coins d'Ottawa. Habituées à la serre chaude des écoles paroissiales, nous tombions dans la terre expérimentale de la centralisation. Pour la plupart, nous sortions des écoles élémentaires où nous avions obtenu un certificat de 8e année, donnant accès aux études secondaires de la province d'Ontario, «l'examen d'entrance» comme on disait alors. Quelques-unes étaient transférées des quatre classes de *Lower School* relevant de la Commission scolaire des écoles séparées.

Nous arrivions donc, en ce 6 septembre, ébahies par la situation imprévue qui nous attendait. Et pour cause : les travaux de construction de l'école neuve, promise pour le début de l'année 1927, n'avaient débuté en fait que le 13 juin : «À midi, ce jour-là, les arbres avaient été abattus.» Comment répondre aux attentes des parents

78

et de la Commission scolaire sinon en mettant à la disposition des élèves plusieurs pièces habituellement réservées à la vie communautaire des religieuses. Notre groupe était entassé dans l'ancienne salle de communauté, pièce longue et étroite avec deux séries de fenêtres — l'une ouverte au tapage des tramways de la rue Rideau, l'autre exposée à l'agitation des travaux de construction d'un immeuble.

Quels professeurs réussiraient à maîtriser l'attention de notre classe disparate et surpeuplée? Nulle autre que sœur Sainte-Herminie et sœur Louis-Gérard. Toutes deux avaient enseigné à la Maison mère où, de 1869 à 1927, étaient regroupées des jeunes filles de la basse-ville, dans une école secondaire appelée Académie d'Youville. Néanmoins, pendant que nous nous efforcions de suivre l'enseignement prodigué par ces éducatrices remarquables, nous étions loin de soupçonner que nous vivions des heures historiques dans le contexte de l'enseignement, non seulement au Couvent Rideau mais dans l'Ontario tout entier.

Mais auparavant, pourquoi ce nouveau cours académique alors qu'il existait déjà au Pensionnat le cours d'immatriculation universitaire, donné en vertu d'une affiliation établie depuis de nombreuses années avec le Collège de Bytown et ensuite l'Université d'Ottawa? Les raisons étaient multiples.

Règlement XVII

En 1927, les Franco-ontariens émergeaient de la crise du Règlement XVII. Pendant quinze ans, ils avaient connu les restrictions imposées à l'enseignement du français, restrictions qui touchaient également la formation des instituteurs. Or, en 1927, avec la mise en veilleuse du Règlement XVII, l'École normale de l'Université d'Ottawa était reconnue officiellement comme École normale de l'Ontario avec un mandat bien précis : former des enseignant(e)s bilingues pour les écoles publiques ou séparées franco-ontariennes. Il fallait toutefois remplir une condition d'admission *sine qua non* : les candidat(e)s devaient obtenir leur diplôme de *Middle School* ou d'*Upper School* en réussissant les examens préparés par le ministère de l'Éducation de l'Ontario. Or, le cours d'immatriculation universitaire déjà établi ne comportait pas de tels examens. En outre, le gouvernement provincial accordait une aide financière aux élèves qui auraient à se déplacer pour suivre de tels cours ou pour s'inscrire à l'École normale.

Ces raisons, que nous pourrions appeler politiques, poussèrent le Conseil scolaire des écoles séparées d'Ottawa à faire appel à des congrégations d'hommes et de femmes pour leur demander de centraliser les cours de 9ᵉ et de 10ᵉ années déjà existants, dans des institutions pouvant offrir les cours supérieurs. Le Conseil scolaire assumerait les frais de scolarité des élèves de *Lower School* et les congrégations, ceux des élèves de niveaux *Middle* et *Upper School*.

Pour accommoder les jeunes Franco-ontariennes de la capitale et d'ailleurs, il était donc parfaitement logique de se tourner vers les Sœurs Grises. N'étaient-elles pas les filles spirituelles de Mère Bruyère, appelée à Bytown en 1845 «pour la tenue d'écoles franchement catholiques où seraient reçues les jeunes filles des deux langues[5]».

La première année d'immatriculation provinciale allait bon train, même si truffée de quelques incidents cocasses qui alimentent encore les souvenirs des «pionnières». Il est bien connu que le bon fonctionnement d'un système de chauffage est l'une des dernières préoccupations lors d'une construction nouvelle... surtout à l'époque du charbon! Or, à peine installées dans nos nouvelles classes, nous, les élèves bien entendu, avions souffert des variations de la température ambiante. Par une matinée glaciale, nous avions grelotté et avions formé le pacte de prendre congé l'après-midi. Afin de justifier notre escapade, nous arrivons en classe, emmitouflées de plusieurs épaisseurs de gilets. Nous gardons nos manteaux et nos bottes... avec beaucoup de courage car l'eau chaude s'était miraculeusement mise à circuler dans les radiateurs. Après le chapelet, nous déclarons en chœur qu'il est dangereux de rester dans une école mal chauffée et nous filons avant que le professeur ne se rende compte de la supercherie. Et nous avons bravement grelotté par les rues de la ville, d'ailleurs bien moins chauffées que notre classe! Espiègleries d'étudiantes heureuses! car cette époque vit naître des amitiés qui ont célébré leur jubilé de diamant en 1988.

Fini, les talents polyvalents

Les peuples heureux n'ont pas d'histoire... les étudiantes heureuses non plus. Il faut avoir vécu les années subséquentes pour démêler la trame des événements quotidiens. C'était l'époque où les professeurs d'écoles privées devaient être polyvalents. Je me souviens de sœur Marie-Lionel (et son cas ne fut pas unique) qui, en plus d'être titulaire de sa classe de 11e et 12e années, enseignait toutes les matières au programme : religion, français, anglais, latin, histoire, mathématiques et sciences. De nos jours, la tendance étant à la spécialisation, le défi peut nous sembler irréalisable. Nos professeurs se conformaient en tout point à la devise du Couvent Notre-Dame-du-Sacré-Cœur : *Age quod agis*. Et ce faisant, elles inculquaient à leurs élèves le goût de la tâche accomplie comme un défi sans cesse à relever. Sans doute le régime était-il efficace, puisqu'à la fin de chaque année, les résultats des examens écrits dépassaient toutes les attentes. Oh! ces examens préparés par le ministère de l'Éducation! Quel cauchemar pour les élèves! Lorsque, dans les années 1940, ils furent abolis et remplacés par des examens préparés par les professeurs, les élèves étaient soumises à des inspections semestrielles dans le but de juger de la compétence des professeurs, de la fidélité aux programmes et des connaissances des élèves.

Cependant, la surcharge des programmes ne transforma jamais les élèves du Couvent Rideau en robots de culture livresque. La formation se voulait intégrale.

Madame Georges Vanier préside à l'ouverture du gymnase.
1964

L'enseignement religieux en faisait constamment partie. L'éducation physique, une matière devenue obligatoire, rendra nécessaire la construction d'un gymnase moderne, en 1964, angle Besserer et Cumberland. La diction et le dessin étaient des matières facultatives, de même que la musique. L'étude du piano menait à la participation aux festivals annuels, couronnée de succès éclatants. La réussite aux examens du Conservatoire de Toronto pouvait remplacer certains sujets de 11e, de 12e ou même de 13e années. L'enseignement des langues, de l'histoire et de la géographie ainsi que des sciences trouvait son complément dans les excursions annuelles préparées et guidées par les professeurs. Nombreuses sont les anciennes qui se souviennent de leurs randonnées à l'Expo 67, au *Ontario Science Centre* à Toronto, au Festival de Stratford, voire de leur premier voyage en Europe. Maintes fois les élèves brillèrent aux *Public Speech Contests*. Dans le cadre des Concours de français ouverts aux élèves de niveau secondaire en 1944, le Couvent Rideau s'est vu décerner plus souvent que toute autre institution la palme d'excellence : dix lauréates provinciales et huit gagnantes régionales en vingt-cinq ans.

En 1950, l'Université d'Ottawa puis le Couvent Rideau suppriment leurs cours d'immatriculation pour les remplacer par celui de Toronto. Les classes bilingues seront les seules à survivre à partir de 1959, date à laquelle le Couvent centralisera ses cours destinés aux anglophones à l'école secondaire privée *Immaculata*. Les chiffres ci-dessous tracent l'ascension de l'œuvre entreprise avec tant de clairvoyance en 1927. Trente-deux ans plus tard, les données sont les suivantes : 9e année : 7 classes; 10e année : 5; 11e année : 3; 12e année : 3; 13e année : 1; cours commercial : 5; ce qui porte à 800 le nombre d'élèves au seul cours de l'Ontario. Le total dépassera bientôt le chiffre atteint lorsque le Couvent Notre-Dame-du-Sacré-Cœur abritait les classes primaires, l'immatriculation universitaire, en plus des classes anglaises.

Intégration complète

Jusque-là, les classes de *Lower School* relevaient uniquement du Conseil scolaire des écoles séparées tandis que celles de *Middle* et d'*Upper School* faisaient partie du cours privé, tout en étant soumises à l'inspection des représentants du ministère de l'Éducation. Les parents devaient donc payer les frais de scolarité et, en plus, les taxes dont bénéficiaient les écoles secondaires publiques. Cette injustice devait durer jusqu'à la fin des années 1960, le début d'une ère nouvelle, celle de l'intégration complète du cours secondaire aux écoles publiques françaises d'Ottawa sous le contrôle du *Collegiate Institute Board* (CIB). De privé qu'il était jusqu'en juin 1968, le cours secondaire du Couvent Rideau est devenu public avec la rentrée des classes en septembre de cette même année.

Le transfert ne s'est pas effectué du soir au lendemain; il a nécessité de longues et prudentes démarches. Au cours de l'été 1966 et dans les quatre mois qui suivirent, une enquête fut menée à travers la province afin d'élucider certains faits. On se rendit compte qu'un trop grand nombre d'élèves quittaient l'école après la 8e année. Les causes? Ces jeunes qui, règle générale, avaient suivi une formation en français dans les écoles primaires, redoutaient de faire pauvre figure dans les écoles secondaires publiques où tout s'enseignait en anglais. Les écoles publiques étaient privées d'enseignement religieux. Enfin, pour nombre de parents canadiens-français, le revenu familial ne leur permettait pas d'offrir à leurs enfants les avantages d'un cours secondaire dans les institutions privées où la presque totalité des matières s'enseignaient en français.

Conclusion : nos chefs de file décidèrent de faire pression auprès du gouvernement provincial pour que soient octroyées aux Canadiens français des écoles secondaires, complètement subventionnées par l'État, où l'enseignement serait donné en français. L'Association des écoles privées franco-ontariennes (l'AEPFO) rendit public le rapport de son enquête. Elle demandait, ni plus ni moins, que les écoles secondaires privées de langue française soient sans retard intégrées au système des écoles secondaires publiques. Les raisons sont évidentes : 1) les écoles secondaires privées ne peuvent plus absorber le coût prohibitif de l'éducation; 2) elles ne peuvent plus offrir des services comparables à ceux des écoles publiques au chapitre de la variété et même de la qualité; 3) en travaillant dans le seul secteur académique, elles restreignent leur influence et le champ de leurs services.

Les solutions? 1) L'intégration avec le système public ouvrait à un grand nombre de jeunes la gratuité scolaire et la culture française. 2) Cette intégration permettait aux enseignants des écoles privées de poursuivre leur carrière dans l'enseignement. 3) Les parents pouvaient choisir plus librement une école pour leurs enfants.

L'accueil réservé à cette demande d'intégration ne fut pas simplement poli mais enthousiaste. Le 24 août 1967, John Robarts, premier ministre de l'Ontario, fit part de ses intentions devant les congressistes de l'Association canadienne des éducateurs de langue française (l'ACELF), réunis au Château-Laurier : «Il faut de toute urgence offrir une éducation secondaire dans la langue de la communauté franco-ontarienne, et cela avec toute la diligence possible.»

Le gouvernement de l'Ontario a donc mis sur pied un comité spécial pour résoudre un problème extrêmement complexe, tant au point de vue technique que pratique. Les principaux intéressés ne restent pas inactifs. Les directeurs des écoles privées se réunissent régulièrement.

Enfin, un éditorial de John Grace dans *The Ottawa Journal* incite les écoles privées d'Ottawa à faire un pas décisif dont sera témoin l'illustre parloir rouge du Couvent Rideau. Le 14 décembre 1967, les directeurs des sept écoles privées d'Ottawa se réunissent avec des représentants de l'AEPFO, de l'ACFO, de l'Association des parents, du

Conseil scolaire des écoles séparées, en la présence de monseigneur Audet qui représente le diocèse d'Ottawa. On étudie soigneusement tous les aspects du problème, car il est important d'arriver à un consensus. Il faut faire front commun pour présenter une demande efficace. Le vent est dans nos voiles puisque cette année-là, le président du CIB est le sympathique Leo MacCarthy. Les pourparlers seront relativement brefs. Une première rencontre avec le CIB a lieu dès janvier 1968. Le 5 février, tout commence à se concrétiser. Deux surintendants du CIB visitent les locaux de fond en comble. Ils sont impressionnés par l'excellent état de l'édifice et du mobilier. Le CIB loue pour trois ans les locaux du Couvent Notre-Dame-du-Sacré-Cœur et promet une école nouvelle pour 1971.

Dernière année

L'intégration se fait si graduellement que c'est à peine si les élèves s'en rendent compte. En septembre 1968, rien ne semble modifié, sauf le personnel qui est plus nombreux, 31 professeurs dont 20 religieuses, deux secrétaires, une infirmière, une personne affectée au service d'orientation et une autre à la pastorale.

Celles qui redoutaient l'intégration, c'étaient les religieuses, notamment à cause des rencontres pédagogiques avec leurs homologues du secteur public et, par-dessus tout, de la visite des conseillers pédagogiques qui viendraient observer et sans doute critiquer leur enseignement. Or, le contraire se produisit. Ce fut l'époque où tombèrent, de part et d'autre, une foule de barrières. Les religieuses ont trouvé dans les professeurs de *high school* des femmes et des hommes prêts à partager leur compétence pédagogique et à enseigner l'usage d'aides pédagogiques inconnues au Couvent à l'époque des budgets limités. Quant aux conseillers, ils ne cachaient pas leur admiration pour la qualité de l'éducation inculquée aux élèves par les religieuses. Leur passage au Couvent fut, pour les élèves autant que les professeurs, un véritable stimulant!

Enfin, juin 1971 se signale la dernière soirée des finissantes. Au fil des ans, ces cérémonies étaient marquées par l'évolution de l'enseignement dans ce Couvent séculaire. Au début du cours de l'Ontario, les palmarès annuels se déroulaient selon le modèle établi pour le cours d'immatriculation universitaire : entrée solennelle au son d'une musique de circonstance; chœur de chant dans le style de l'époque; conférencier de marque; distribution de médailles d'or, de bourses d'étude, prix spéciaux. Jusqu'en 1950, les collations de grades étaient l'occasion d'une double célébration : l'une pour le cours d'immatriculation, l'autre pour le cours de l'Ontario. Le président d'honneur invité à s'adresser aux diplômées du cours de l'Ontario était généralement un personnage ayant joué un rôle important dans les luttes franco-ontariennes.

C'est à ce titre que l'on retrouvait, en 1930, monsieur Samuel Genest. En 1931, à la remise des diplômes du groupe qui avait inauguré le cours de l'Ontario, le président d'honneur était le père René Lamoureux, o.m.i.

Rien ne meurt

Les finissantes de juin 1971 craignaient peut-être de mettre le point final à toute une œuvre d'éducation... Avec leurs compagnes des 9e, 10e et 11e années, elles allaient se diriger en septembre vers l'école secondaire De-La-Salle, la première des écoles françaises instituées par le CIB pour y abriter plus de 1 500 étudiant(e)s venu(e)s des écoles privées de l'est d'Ottawa.

Chacune des étapes qui a ponctué cette odyssée éducative de 1927 à 1971 comportait des avantages mais aussi des risques. Les étudiantes étaient conscientes des avantages qui les attendaient; elles bénéficieraient d'un plus grand nombre de cours, facilitant ainsi l'accès au monde du travail, ou à la formation professionnelle dans

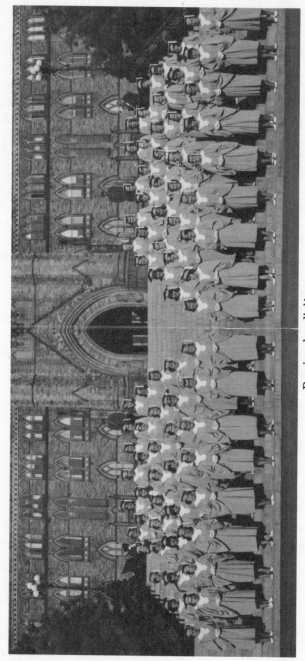

Remise des diplômes
12e année classique
12e année commerciale
1965

88

les universités. Quant aux risques, les plus grands étaient la crainte de l'anonymat qui prévaut dans les polyvalentes surpeuplées et la peur de ne pas y retrouver la qualité de l'éducation reçue jusqu'alors.

Mais une œuvre d'éducation ne meurt jamais. Elle continue de vivre sous la cendre des âges, prête à revivre à chaque génération. Et il n'est pas irréalisable ce vœu exprimé avec autant d'émotion que de conviction par plus d'une ancienne des années 1927-1971 : «L'héritage le plus précieux que je veux laisser à mes enfants et à mes petits-enfants, c'est l'éducation que j'ai reçue au vieux Couvent Rideau.»

La treizième année

1928-1953

Lucile Dugas-Finsten
Lucile Robert-Saint-Pierre
Lucille Clairoux-Tessier

> Pour souligner un poids si lourd,
> Sisyphe, il faudrait ton courage!
> Bien qu'on ait du cœur à l'ouvrage,
> L'Art est long et le Temps est court.
>
> Baudelaire, «Le Guignon».

Treize! Considéré de tout temps comme de mauvais augure, ce nombre, dit-on, correspondrait à un recommencement, avec cette connotation péjorative qu'il s'agirait moins de renaître que de répéter les mêmes gestes : le tonneau des Danaïdes impossible à remplir! C'est peut-être cela qui représente le mieux la 13e année : mission impossible — neuf sujets à enseigner, neuf sujets à maîtriser et au bout, comme une épée de Damoclès, l'exigence inéluctable des examens du Ministère.

Treize, c'est aussi la marginalité, le nombre de trop, comme le treizième à table. Est-ce pourquoi on ne retrouve, de 1928 à 1946, aucune coupure de journal et peu d'archives qui attestent l'existence des élèves du *Senior*

Matric au Couvent Rideau? Les a-t-on trouvées, ces grandes filles, trop singulières pour parler d'elles?

Singulières? En effet, à cette époque, très peu d'élèves poursuivaient leurs études académiques, la majorité cessant en 10e année, avec la fin des subventions du gouvernement ontarien, ou ayant déjà opté pour le cours commercial. Le cheminement normal pour la jeune fille bilingue désireuse de poursuivre ses études, c'était le collège pour femmes, donc le Collège Bruyère, étant donné que l'Université d'Ottawa réservait aux mâles sa noble enceinte. Par contre si, pour des raisons financières ou autres, elle ne pouvait s'offrir quatre ans d'études à temps complet, et viser le baccalauréat, elle avait l'occasion de suivre une formation solide et, en l'espace d'un an, d'augmenter ses connaissances et ses perspectives de carrière.

D'autre part, la 13e année permettait à un plus grand nombre d'élèves d'avoir accès aux études postsecondaires. En effet, la loi fixant à 16 ans l'entrée à l'École normale et sur le marché du travail, certaines diplômées de 12e année étaient encore trop jeunes.

Mais qui donc étaient ces élèves de 13e année? Elles venaient de partout et passaient de longues heures penchées sur leurs livres; elles goûtaient à tout, à la littérature comme aux sciences, avec le résultat qu'elles s'isolaient et se sentaient souvent à part au sein du Couvent Rideau. Elles étaient entourées de femmes exceptionnelles, vouées corps et âme, jour et nuit, à développer la relève, les femmes de demain. Et c'est bien ce que retiennent les élèves consultées : corps et âme, jour et nuit, faut le faire parce que Toronto nous attend. Il faut réussir quel qu'en soit le prix!

Et les exigences sont lourdes. Il s'agit en effet des examens imposés par le Ministère, car c'est ce dernier qui décerne le certificat convoité. Et le grand idéal des filles de Mère Bruyère consiste à passer à travers toutes ces contraintes et à s'accorder aux nouvelles réalités quotidiennes d'un monde qui prône déjà l'éducation accessible au plus grand nombre et le développement intégral des femmes.

L'évolution au fil des ans

En quoi consiste l'évolution de ce *Upper School* entre 1928 et 1953? Vingt-cinq ans d'existence sauf quelques interruptions, quatre professeures attitrées : certaines autres, responsables d'un ou de deux sujets, un nombre variable d'étudiantes auxquelles s'ajoutaient quelques braves des Belles-Lettres, désireuses elles aussi d'obtenir la sanction provinciale, un curriculum qui ne cesse de s'enrichir.

En 1927, le ministère de l'Éducation de l'Ontario accrédite le Pensionnat Notre-Dame-du-Sacré-Cœur à présenter ses élèves aux examens d'*Upper School*. L'institution invite donc les élèves intéressées à s'y inscrire et c'est sœur Paul-Émile qui, en 1928, accueillera la première quinzaine d'élèves. Elle enseignera avec compétence une variété de sujets, trois mathématiques, littératures et compositions anglaise et française, ainsi que l'histoire moderne. Deux ans après, faute d'inscriptions suffisantes, le cours ne se donne plus. Il reprend en 1933, mais cette fois plusieurs professeurs se partagent les sujets à enseigner. Ce sont sœur Saint-Armand, sœur Sainte-Rose, sœur Saint-Anaclet et sœur Rita-du-Crucifix.

Il ne semble exister aucune donnée pour les années 1934, 1935 et 1936, mais en 1937, sœur Sainte-Madeleine donne deux sujets, français et algèbre qui, à cette époque, complètent le cours des Belles-Lettres afin de répondre aux exigences du Ministère. De 1938 à 1942, elle sera chargée de l'enseignement de huit sujets, tout comme sœur Paul-Émile en 1928. Elle recevra aussi quelques élèves en cours privés, toujours afin de rendre l'enrichissement culturel accessible à toutes les jeunes filles. Puis, sœur Sainte-Madeleine étant mutée au Collège Bruyère, sœur Saint-Lorenzo assure la relève pour l'année scolaire 1942-1943. En 1943-1944, nouvel hiatus dû au manque d'inscriptions, puis c'est sœur Louise-Marguerite qui assumera durant neuf ans cette mission impossible qui consiste à enseigner quatre français, deux anglais, deux latins, deux mathématiques (algèbre et géométrie), deux sciences (zoologie et botanique), ainsi que l'histoire moderne. Quelle tâche! À cela s'ajoute un cours de religion donné chaque vendredi. Ce cours, dont le sujet variait à chaque année (pendant l'année mariale 1947 notamment, on enseignait la psychologie de la Vierge), voulait nous transmettre le sens de la foi et des valeurs éternelles.

Enfin, à partir de 1953, les étudiantes qui écrivaient certaines épreuves d'*Upper School* devaient s'inscrire au Collège Bruyère. Ainsi disparaît la 13e année, jusqu'en 1968, où elle resurgit au Pavillon des 13e années au Mont-Saint-Joseph.

Les locaux

Quels murs ont été les témoins silencieux de ces efforts acharnés! Où logeait tout ce beau monde? En 1928, la vieille aile de la rue Besserer, qui abritera plus tard les studios de l'artiste sœur Marie-Lucile, loge les premières élèves d'*Upper School*. Ensuite, ces dernières s'aventurèrent du côté de la rue Waller, d'abord au troisième étage, tout près de la chapelle, puis au deuxième, du côté du Collège. En 1944, elles se retrouveront encore une fois au troisième, dans un local aménagé en toute hâte, équipé de vieilles tables et de stores noircis qui servaient de tableaux. Pourtant, c'est là que la 13e année a pris son véritable essor. Dès lors, une vingtaine d'élèves par année cumulaient neuf sujets pour s'orienter vers diverses carrières dont l'enseignement, les techniques de laboratoire ou le fonctionnariat. Puis, heureusement, on les reloge bientôt rue Besserer, cette fois dans la nouvelle aile construite à partir de 1940.

Ces nouveaux locaux ne sont sûrement pas sousutilisés. Plusieurs cours sollicitant l'attention de ces demoiselles, la journée s'étendait de 8 h à 17 h avec une petite demi-heure pour le repas du midi. Les élèves y venaient de partout, les juvénistes arrivaient en autobus spécial de la Maison mère alors que d'autres utilisaient les tramways ou arrivaient à pied.

Jusqu'en 1944, aucun signe extérieur ne distinguait les élèves d'*Upper School* de celles du secondaire : elles portaient toutes l'austère robe noire au collet blanc. Puis, le Couvent opta pour une élégante robe bleue marine avec collet blanc, pour assez tôt, la remplacer par la jupe grise et le blazer bleu marine.

Le caractère bilingue

Fréquenté en majorité par des élèves francophones et quelques anglophones, le cours, par la force des choses, était bilingue, mais si peu, puisque les manuels et le programme d'étude pour tous les sujets, sauf le français, étaient de langue anglaise. On se penchait assidûment sur des livres intitulés : *Senior Latin Composition* et *Anatomy of the Crayfish*. Les francophones avaient le droit exclusif au *French Literature* et *Special French Composition* alors que quelques anglophones optaient pour *French Authors* et *French Composition*. Ainsi nous nous côtoyions, apprenant à vivre ici, en Ontario, de deux cultures et de deux langues!

Philosophie de l'éducation

Souci de l'excellence! Acharnement au travail! Maintien digne et belles manières, voilà les préceptes que prônait l'élite du temps, s'appuyant sur la foi et les valeurs chrétiennes pour leur donner encore plus de poids. C'est, en effet, ces idées maîtresses qui seront les chevilles ouvrières du Pensionnat Notre-Dame-du-Sacré-Cœur.

Cette institution se consacrant aux jeunes filles, quels principes directeurs guidaient leur éducation à cette époque? Déjà, le climat social se modifiait pour commencer à promouvoir un rôle plus épanouissant pour la femme. Lentement, il va sans dire! Alors que sous sœur Paul-Émile, en 1929-1930, les débats ont pour thème "Women in Charitable Work", en 1946-1947, on ose opposer les mérites de la femme au foyer à ceux de la femme qui travaille à l'extérieur.

Enfin, l'institution se situant en Ontario et à Ottawa, la philosophie de l'éducation est marquée par le père René Lamoureux, o.m.i., qui prône le développement harmonieux de toutes les facultés humaines. Par ailleurs, à Toronto, le pédagogue C.S. Diltz avançait une conception et une philosophie de l'éducation à laquelle sœur Louise-Marguerite et bien d'autres ont vibré en tentant de garder vif, malgré les contraintes, son *sense of wonder*.

Pour toutes les religieuses chargées de la 13e année, les cours de littératures anglaise et française servaient de pivot à l'enseignement de valeurs humaines et chrétiennes. En cela, elles suivaient Diltz, leur maître révéré, qui disait, *"A teacher of literature needs to be wise in the ways of human nature...He is the interpreter of an art, and his proper concern is the integrity of imaginative experience."* Et il ajoutait, *"The school... becomes a vineyard...to bring forth good fruit to the glory of God."* Les voilà donc bien engagées dans l'esprit de l'œuvre, fixées sur une vision de la vie étudiante où la littérature, l'art, la musique et la culture sont inséparables de la vie de foi et de ses exigences, inséparables de la vie pratique de tous les jours et, de ce fait, elles ont tenté de maintenir l'intégrité de l'expérience vécue.

Traduits dans la vie quotidienne des élèves de l'époque, ces grands principes veulent dire principalement l'acharnement au travail et le fardeau qu'il représente. Une étudiante raconte que 1950-1951 était «une année très ardue», où toutes «travaillaient comme des folles».

Pourtant, leurs professeurs, à qui l'on avait confié cette mission impossible, leur apparaissaient et leur apparaissent toujours comme un modèle et une source d'inspiration. À leur avis, ces éducatrices étaient des personnes très compétentes, à la hauteur de leur tâche, et dont la puissance de travail, le cœur à l'ouvrage, et le souci du travail méthodique et bien fait les ont profondément marquées.

Cependant, toutes n'accordaient pas la même valeur à ce travail abrutissant : «Travailler fort ça ne m'a rien donné, j'ai tout reçu sauf du temps pour la réflexion!» D'autres ne sont pas du même avis et estiment avoir «reçu une vision universelle des choses, un intérêt aux mouvements politiques des peuples, une faculté qui leur permet de poser des jugements critiques positifs et constructifs».

En bref, le Couvent a beaucoup donné et les élèves de 13e année ont reçu proportionnellement à leurs antécédents familiaux, aux circonstances qui ont marqué leur vie, à leur âge, à leur ouverture d'esprit, à leurs ambitions, à leurs profils d'avenir. Et les récits diffèrent aujourd'hui, selon qu'elles sont restées nostalgiques, devenues réalistes ou inconditionnellement positives.

Il y a aussi celles qui ne racontent pas, celles pour qui le souvenir s'estompe, celles qui l'ont bloqué parce que cette année est liée à un événement tragique, celles que nous n'avons tout simplement pas rejointes...

Le Couvent voulait donner une éducation bilingue, fondée sur l'humanisme intégral. La 13e, par son curriculum, permettait d'envisager de nouveaux horizons et d'acquérir une plus grande maturité avant de faire face à la vie. Nous en avons été marquées profondément.

Chapter 4

English Classical Course

Towards Integral Humanism

Introduction

If one aspect of the Rideau Street Convent's philosophy can be singled out, it must be the conviction that education must encompass every facet of life : spiritual, intellectual, and artistic. It was towards the realization of this ideal that Élisabeth Bruyère shaped her vision and dedicated her energy. In this context, priests, teachers, and parents worked together, aware of the important role played by Rideau Street Convent in the community. Implementing basic learning skills and forming attitudes were the foremost objectives : learning how to learn, becoming independent thinkers and decision-makers, achieving a strong sense of personal identity.

Adhering to the basic curriculum taught in other Ottawa area schools, the Sisters added their own personal dimension, enriching their instruction of core subjects by inculcating a sound value system based on Christian principles. It was this extra dimension that favoured the development of the whole person and a truly feminine education.

Primary grades
1944-1945

Primary Grades

Early Formation

Sister Saint-Thomas, s.c.o.

Sister Marie's keen child psychology and colorful teaching methods might yet be meaningful to modern-day kindergarten classes. Working alongside 52 other devoted Sisters, moving among 100 or more boarders, and teaching many of the 500 day students was for her a unique experience. She taught grades 1 to 4 : kindergarten did not exist at the time.

Sister cherished these inquisitive, impressionable six-year-old children in first grade. She always sought ways to sustain their attention and interest in the many subjects likely to arouse their curiosity. Numerous innovative ideas were born out of the need to satisfy these fledglings, among the most precious of God's gifts. A touch of originality was brought to each class. In art, a lamp was used to projet a child's silhouette onto cardboard and each student was encouraged to draw a fellow classmate. It was thought great fun to vary the outline somewhat, and this pleasantry served to help the little ones not to take themselves too seriously.

The three R's were imparted with patience and humour. Sister maintained that the youngster should begin by writing longhand, not in block letters. Bright and colourful pieces of cardboard, each with a "model" letter of the alphabet, were hung above the blackboards along the walls. Reading was taught from well-illustrated books using stories in keeping with events that related to everyday home life. Arithmetic was made easy by using any and all objects that were familiar to the girls — leaves, flower petals, marbles, etc. Sister took to heart their love of acting and would create situations that encouraged them to use their imagination and find the joy of discovering that they could do a variety of things, and do them well. The result was that these pupils actually looked forward to school; they did not feel pressured or intimidated into being anything but themselves. Sister's teaching methods were in complete harmony with their wide-eyed innocence, their uncomplicated, trustful child nature.

The schoolyard had its particular sounds : shouts and laughter as the youngsters chased each other while playing the usual children's games, "tag" or "London Bridge is Falling Down". They needed no coaxing to play "Farmer in the Dell" and fall down limply to the excited clamour and merriment of their classmates. At the clanging of the school bell, activity came to an abrupt halt, everyone "freezing" in place, silence pervading until the bell rang once more, the signal for them to fall into line. Class by class, girls of all ages formed queues until a sea of black uniforms and white collars flowed into the back entrances. For those whose classrooms were on the main floor, this posed no problem : for the first graders whose classrooms were located on the second floor, the route via the fire escape was hazardous. Sister remembers how they picked their way gingerly, slowly, measuring each iron-slit step and, once having reached the safety platform overlooking the tall stone wall, gleefully pointing out the exciting view of streetcars rattling along Rideau Street.

Amazement turned to wonder as exciting discoveries were introduced : the intricate patterns of snowflakes as seen through a magnifying glass, the magic of nurturing the goldfish in its aquarium and the fragile plant about to bloom. Periods of silence were rewarded by being allowed to listen to the song of a bird outside the window.

Nursery rhymes and fairy tales were such fun and provided an occasion to "play pretend". Sister found it significant that these little ones loved to dream, to use their imagination. This childhood gift was used to good advantage, as a springboard for flights of fancy and enriching adventures that would become unforgettable.

The elocution teacher, Mrs. Hickingbottom, whose expressive face gave way to all the subtleties and nuances possible in human expression, would enounce and articulate with heart-shaped lips. It was a great reward as well as source of amusement for her to work with "the little people". Their complete candeur, as they assumed the poise and facial expressions in acting out various parts from pixies to buttercups, vividly manifested their innocence and willingness to please their beloved teacher.

Mrs. Hickingbottom
and her elocution class
1950s

101

First Communicants
1950-1951

Learning to speak French as a second language was not easy for the young beginners. Through patience and encouragement, Sister managed to make it a game. Scrapbooks were begun and clippings from store catalogues were enthusiastically collected. "Seeing, saying and doing" were the keys to learning. Any picture that favoured conversation was eagerly brought to the teacher's attention. Vocabulary improved and gradually confidence was gained. Bilingualism was taking root! A former student recalls :

Long before French immersion became popular, and bilingualism government policy, little girls growing up speaking English were placed by their bilingual French-Irish parents, in the French curriculum at Rideau Street Convent. The children recall Sœur Marie-Reine's patience and understanding ways, the hours spent explaining everything in both languages, the special warmth she had for the little girls struggling with a second tongue.

The Sister who prepared the children for their first Holy Communion was venerated. Patient and kind, helpful and encouraging, she put the children at ease and took great pains to prepare them fully for this most important event. She worked closely with the parents to help the learning of the catechism and with the understanding of the beauty and privilege of receiving the great sacrament of the Eucharist. Questions and answers were reviewed over and over again; the tots were well prepared for the gentle questions a priest would pose when he visited the class. Prayers were learned by rote, the children taking special delight in the morning and evening prayer to their guardian angel.

The long, white Communion dresses were either homemade and fashioned with care or purchased and chosen with pride. The little girls also wore a long veil, white gloves, white stockings and white shoes and carried a missal and rosary. Much preparation went into this special event, as cameras could click to record a momentous occasion with family and friends lavishing attention on the first communicants. Their gowns would serve a second time, when they acted as flower girls at the senior girls' graduation ceremonies where many of them would dutifully carry the prizes

103

to be awarded to those graduates obtaining the highest honours.

J. M.-M.

Family traditions were often created. Several generations attended the Convent and shared common experiences which favoured a sense of continuity, identity and belonging. As an example,

> during the academic year 1955-1956, one family enrolled all four daughters at the convent. The youngest was in French grade 1; the eldest in English grade 12. The other two were in French grades 4 and 9. It had become a family tradition to be educated at Rideau Street Convent. The girls' maternal grandmother, of Irish descent, had walked twice a day from her parents' farm in Janeville (about halfway into today's city of Vanier); their mother, whose Irish heritage was now blended with French, walked to the convent from her home on Sussex Drive. The four girls had their own difficulties getting to the convent from their home in Rothwell Heights — walking to the National Research Council on Montreal Road on cold, dark winter mornings to catch the bus to Rideau Street.

J. M.-M.

Secondary Grades

Doris Lee-Momy
Jocelyn Maynard-Mallet
Deidre Maynard-Nicholds

It was commonly called Rideau Street Convent, but its official name was Our Lady of the Sacred Heart Convent. In this historical institution was cast the mold from which future women were to be prepared to accept their responsibilities as caring and dutiful members of society. For the Grey Nuns true education meant the harmonious development of all the powers of the mind and body. Like Mother Bruyère and Sister Theresa, all the Sisters insisted on the "necessity of disciplining the will and educating the heart as well as the mind". Christian faith with its beliefs and values were intrinsically woven into the fabric of the daily curriculum.

Faith throughout Education

Faith throughout education is imparted on a daily basis, through religious instruction and through practice.

Courses in religion are given daily in the classroom, and once a week in the Chapel. The Chapel becomes a "school-room" with a difference. The Master Teacher hidden behind the priest, his *alter ego*, lovingly welcomes us as we file up the centre aisle, grade by grade, two by

105

two (Sister last in line), kneel as one to the clap of her hand, diverge to the right and left, five in a row. The Lord sees us all ungraded, all dressed alike, but with hearts so different, unique and individual, all-important and precious. No need of a roll call : our names are kept in the palm of His hand.

Borrowing the Master's words and methods, the priest unveils the truth about the Father's kingdom, sometimes using examples from nature : the simple sparrow, the lush lilies of the field, the unfortunate fig tree; at other times he invites us by a flash of insight to discover meaning in plain and familiar examples : the simplicity of a little child, a cup of water, a common field-flower. He borrows the Divine Teacher's beautiful parables, practical stories with every word a picture : seeds, weeds and yeast — earthly stories with a heavenly meaning, hidden beliefs from which faith soars.

Every subject of the school day recalls the omnipresence of God's marvels and thus acquires a greater meaning : letters and numbers, literature and mathematics, the beauty of the arts, the lessons of history, the intricacies of commerce and politics. Our home-room teacher leads us to see signs and symbols of the infinite in a straight line, in the nth degrees of the A's and B's of mathematics; the marvels of the mind in H_2O and the electric bulb; God's changelessness in the dappled things of nature; the Maker of history at work on the plains of Abraham, at Ypres, at the Battle of Waterloo; glimpses of absolute beauty in a work of art.

The Chapel serves both our spiritual and artistic needs. Its Gothic architecture generates a sense of wonder, an appreciation of the beautiful. It is a unique masterpiece of architectural beauty with its trefoils and cherubs; the fan-shaped, vaulted ceiling painted sky blue and dotted with gold stars; the altar encrusted with gold mosaics; the warmth of the dark wooden panelling; the mellowness of the varnished pews in the faint stream of sunlight that trickles through the tall stained glass windows and the gleaming gold of the tabernacle door. The Sisters foster the conviction that prayer and meditation are as necessary to the well-being of the soul as the aesthetic is to the eyes.

The Chapel is God's place, a place of serenity where reflection and peace come easily, a tribute to the artist's creativity and aspiration for a touch of perfection. It fosters a spiritual experience commonly shared, though differently, by the young and older girls :

> The younger girls recall feeling like angels when they were in the Chapel singing in the choir, way up in the loft with the organ overlooking all the dignity and solemnity below. Little cherubs, off on one side of the ceiling and upper wall, seemed to smile on the gathering. The girls wondered why the cherubs had no ears, but concluded they didn't need them to fly. For the older girls, the Chapel was a place of peace and respite, where one did not necessarily have to pray, but could just reflect to resolve a problem. The carved wooden panelling, the subdued coloured-glass light, the faint odours of incense and melting votice candles, the simple sheer beauty of the Chapel generated an inner tranquility that remains tangible for them all.

> J. M.-M.

Great importance is placed on retreats, meditation, and prayer to foster our decision-making.

> Retreats were an annual event; sometimes we would go to a retreat house such as Villa Madonna for a weekend. Villa Madonna was a lovely, white Cape Cod-styled house on four acres in the outskirts of Ottawa. It was large and comfortable, contained six bedrooms and a little chapel. Retreats lasted from Friday night to Sunday afternoon, and the retreat master gave us plenty of food for thought. It was an opportunity to get away from familiar surroundings and contemplate our future in the quietude of the countryside. At other times, the retreat would be held at the convent, a visiting priest would preside. We were usually asked to attend 8 a.m. Mass and were given a sermon that touched on the practical application of the Gospel. During the final year, when we were more keenly aware that we would soon face the world and its challenges, many of us found the retreat provided a pause during which many important decisions were made.

107

Education through Fine Literature

The Sisters are aware that fine literature, poetry in particular, has the power of calling all of us to a loving attention of truth that cannot make itself known in either reason or belief alone.

English literature brings much pleasure and amusement to the students and contributes in its way to maturation. This is due, in large part, to the dedication and unique charm of one Sister who teaches us to relate literature to life.

> The tiny Sister who taught literature was barely four-and-a-half feet tall, and rather frail-looking. However, her great gift of being able to transmit her love of the classics was much appreciated by her "girlies". Her ability to communicate her enthusiasm for Shakespeare, Chesterton, Emerson, etc. was such that we would beg her to prolong her discussions well beyond class time. Delicate in gesture and speech, she stirred in each heart a thirst for a deeper understanding of the novel, the play, or the short story being studied. The full richness of a poem was brought to the fore with a keen insight into the poet's most obscure meanings. We soon acquired a keen interest for any homework in literature and would often read well beyond what was asked of us. The depiction of such famous authors as Disraeli, G.K. Chesterton, Longfellow, and Tennyson, was vivid and fascinating. The golden rule was never overlooked as the literary pieces always presented virtuous heroes and respected moral values.

Hamlet's experience sometimes leaves one of us in a secret contemplative dilemma :

> To skip or not to skip
> that is the question
>
> whether to give your all
> to that distant dream
> which alone gives meaning to life
> or ignore the shaking of a bell
> to take the road less travelled by
> at the end of the winding tunnel
> to the stairs that diverge up and down

whether to flee up the steps, three by three
up vistaed hopes, reaching for the classroom above
or slide along the rail and shoot precipitated adown
in running laughter — out to Besserer Street —
and perhaps to be caught in the act —
"There's the rub."

Some are apt to be plunged in a crisis of decision :

To be there or not to be there
in whole mind and heart

whether it is more practical
to shun the ready-made page of a book
or evade in the labyrinthine ways of one's own mind
and steeped in thought
"to watch the woods fill up with snow
woods that are lovely and dark and deep"
when exams loom afar...
that is the question.

Sister seems to guess the "labyrinthine ways" of our young minds; through the meaning and wonder of literature she channels our day-dreaming and wool-gathering to profitable ends, as a way to reach ever higher and, as Tennyson would have it, "to strive, to conquer and never to yield".

Education through Music

The Sisters offer enrichment in yet another area : music and diction. The music room, with its arches and marble pillars, is as acoustically perfect as a concert hall. It is a long, wide and lovely room, with tall arched windows through which dancing rays of sunshine pour onto the potted ferns. Eighteen pianos flank the walls. Gleaming honey-toned hardwood floors, polished as mirrors, lead to the stage with its two grand pianos. On either side, burgundy velvet drapes conceal stained glass studio doors.

Several Sisters teach piano and voice. Each graduating class becomes a harmony of voices as the girls rehearse choir works under the expert tutelage of the voice

109

teacher. Practising the piano exacts a certain amount of diligence, tolerance, and patience on the part of each pupil. They practice side by side, every day seemingly impervious to the cacophony around them from so many other aspiring musicians. It is an impressive, if not amusing sight to see 18 or so pupils all concentrating on their respective repertoires, from elementary pieces to études worthy of any concert. If music is supposed to wash away from the soul the dust of everyday life, it must surely bring joys that enhance one's life for all time. Music at the Convent bears an exotic touch, a refreshing and needed departure from the tedious pressures of daily studies. Music gives our minds an opportunity to soar into flights of fancy, to develop the sensitivity of the soul, and make us discover a new dimension to our personality. The Sisters are keenly aware of the power of music to enrich life and they always encourage us to explore its beauty. Although some students are more gifted than others, the Sisters give everyone the opportunity to express herself in choirs or in small instrumental ensembles. In one of the music studios hangs a framed poem, anonymously written, on the soul of music :

Servant and Master
am I,
Servant of those dead
Master of those living.

Through me spirits immortal speak
the message
that makes the world weep, and
laugh, and wonder and worship.

I know no brother
yet,
all men are
my brothers.
I am father
of the best that is in them,
and they are fathers
of the best that is in me.

I am of them,
and they are of me.
For I am the instrument of God
I am Music.

110

In order to expand our musical culture, the Sisters arrange many well-attended concerts throughout the year.

Each and everyone's talents were brought into play. St. Patrick's Day was very popular and preparations were begun well ahead of time. Our elocution teacher, Mrs. Hickingbottom, was a sophisticated and enthusiastic lady in her early sixties, who took great pains to ensure everything would go quite right. One St. Patrick's day concert in particular comes to mind. It had gone very well until the middle of the programme. Then... havoc.

The setting was an Indian campfire, complete with an artificial bonfire. The Chief, and several of his "braves", sat cross-legged around the fire, watching with distrust as the authorities approached. There is a heated exchange of words, a gunshot is heard. The dying Chief slumps to the ground, and as the authorities attempt to come nearer, Princess Running Deer dashes out (from behind the curtain) and in an impassioned voice cries out :

"If you dare to touch that body, you must cut your way through me!"

At this climactic point, the Princess, clothed in Mrs. Hickingbottom's dyed grey potato sack, loses the false braid

Students present an impressive display of grace and eloquence in their elocution concert.

111

that has been hurriedly tied to her own short hair (unimportant that the colour did not match). To save face, the Princess throws herself on the Chief's body, covering the fallen braid in the process. Mrs. Hickingbottom, seeing the disaster, quickly tapes the braid back on.

The curtain is drawn to the applause of the audience, and the beaming approval of the elocution teacher.

The instrumental act that followed was also off to a disastrous start. When the curtain opened only partially, the players were frantically trying to open the piano lid. This seemed to defy all attempts. After three unsuccessful attempts — much to the amusement of the bishop and Mère Directrice — both the piano lid and the curtain cooperated.

Education of the Will

Discipline is strictly enforced at the Convent, but always with wisdom, tact, and a sense of humour.

There were few of us in the English sections and classes were combined : grades 9 and 10; grades 11 and 12, each group numbering about 20. For four consecutive years we had been promised a picnic at the end of the school year but, somehow, something would always happen to spoil things. Moreover, for our graduation year, our hopes were high that for the last time together as a class, there would finally be an outing.

The day before the outing was to take place, grades 11 and 12 were lined up in the corridor waiting to enter class. The air was fraught with excitement and sweet relief at the thought of the end of examinations. Although talking was forbidden in the corridors, a few of the spunkier girls, intoxicated with the thought of the end of the school year, broke out into sporadic conversation, furtively looking over their shoulder to see if any of the Sisters were in the immediate vicinity — one, Mère Directrice, in particular. The coast seemed clear; suddenly, as if out of nowhere, she appeared. The frown on her face, the raised eyebrows, and the firmly clasped hands told the entire story. Mère Directrice had no intention of relaxing her vigil!

For our misdemeanour, we were informed that we would not be allowed to go to the picnic! Our home teacher keenly felt our sadness at this unexpected turn of events, but said nothing. The following day, while the entire school was

112

empty, our physics teacher entered the classroom and announced that she had forgotten to demonstrate an important experiment; we were to follow her to the laboratory. Perplexed, we followed Sister to the deserted lab. As we were shown through the increasingly confusing experiment, which seemed to be a combination of various previous lessons, Bunsen burners and glass flasks seemed to be doing the rounds; one burner malfunctioned and a flask broke, shattering glass all over the counter. Then, just as suddenly as it had begun, Sister announced the class was over and that we were now to return to our room to record our observations. Waiting patiently for us was our home teacher, grinning broadly and pointing to a huge "graduation" cake beautifully decorated with roses and inscribed with the words : "Congratulations, Graduates of 1955". Our physics teacher followed with a large bag of potato chips and soft drinks. Finally, we had our "picnic".

Homework is almost always expected — there are few weekends free from one assignment or another. Because the credit system does not exist, it is extremely important to pass every subject or run the risk of failing the entire year. Boarders are supervised by a Sister as they complete their homework in a "work" room. However, day pupils are left to their own initiative and conscience. Most of the girls do what is expected of them; a few might try various antics to avoid having to show their work to the teacher. Because each subject brings its own demands, and each Sister expects her subject matter to be mastered through long and extensive exercises, one does not escape lightly if it is discovered that homework has been neglected.

Wearing the inevitable uniform with its discomforts, no doubt contributes to the formation of the will even though it often paves the way for the fascinating experience of giving in to the forbidden :

June, the final month of school, often brought the heat and humidity of Ottawa summers. The black wool uniform with plastic white collar and cuffs did much to retain the heat. Dresses were worn well below the knee and black nylon stockings and black shoes completed the ensemble.

113

"Coloured" dresses were tolerated only as a last resort. However, in June, it was absolutely amazing to see more than a few students in coloured dresses — most of whom seemed to have spilled something or other on their uniform. It was often admitted secretly that food had been spilled purposely on it — the only legitimate excuse that was accepted without question! It could almost be said that impropriety ran rampant in June.

Memories such as these abound :

The white plastic collar and hard plastic cuffs, which rotated loosely and kept falling to the wrists, were both a blessing and a curse — a blessing because the cuffs could easily hide penciled notes that were handy during an examination, or jolt the memory during confession, and could be easily erased afterwards (a ruse used to great advantage by the very young who would make up a sin or two if they happened to have nothing worthwhile to confess); a curse, because the whiteness soon became grey and had to be restored with "Old Dutch" cleanser. However, above and beyond those minor inconveniences loomed one that, to some of the seniors, seemed unendurable — the prohibition of jewellery and makeup. It was an amusing sight to see many of those young women rush out after school to use the side mirrors of parked cars to add earrings, lipstick, and mascara for fear of meeting their boyfriend absolutely unprepared! Mother Directrice would never tolerate letting "her girls" put on makeup at all, let alone after school hours, from inside the Convent walls.

J. M.-M.

Education for Social Values

Imbued with Christ's teachings, the students are expected to be kind and considerate for one another. Although the Convent is a Catholic institution, it is quite often home to students of other Christian denominations. Such is the case for

Anne, a shy, mild-mannered Protestant girl who shared our Grade 10 class. Nothing betrayed her feelings, save for her expressive eyes. It seemed difficult for her to communicate with us; we, in turn, feared that if we talked to her, we would disturb her terribly. She seemed lonely and we

114

worried that she kept so much to herself because of her faith. One of the girls eventually managed to befriend her and one day knocked at her door. There was no answer, but she knew Agnes was there. The door was unlocked so she walked in, only to find Agnes on the floor in an epileptic seizure. Agnes had always kept her illness to herself; not even her parents knew. She had a heroic heart, and we treasured the thought of having had the opportunity to know her.

The bilingual aspect of the school provides an enriching experience, intellectually as well as socially. Although the French-speaking and English-speaking classes are distinct, social events bring them together. It is not so much that proficiency in the other language is attained by everyone, but the effort fosters appreciation and a very positive awareness of the impact such an educational experience bestows. Through personal daily contacts, the students learn to appreciate each other's cultural qualities; it is one of many stepping-stones that help to lay a solid foundation for mutual understanding in everyday situations.

It would be a loss, and certainly a missed opportunity to add a trifle of colour, not to mention the important contribution the boarders make to the sharing of culture and enjoyment at the Rideau Street Convent. The Sisters' pedagogy is of such a high standard that students flock to the convent, not only from Ottawa and outlying regions, but also from overseas. Of the 199 boarders, most are from other provinces, a few from the United States, and a small, vocal minority from South America. There are Spanish-speaking girls from Venezuela, Peru, Colombia and Argentina. The parents hope their daughters will be properly chaperoned while receiving a fine education, and will learn English through total immersion.

In addition to adjusting to a different culture, the Spanish girls also have to experience a language barrier and to acclimatize to our very changeable seasons :

Yolanda, a pretty blond Colombian girl who was barely 14 years of age, could not overcome her homesick-

115

ness and would cry incessantly in class. Sister tried many ways to comfort her, but to no avail. Whenever a question was asked of Yolanda, she would stand politely, hands clenched tightly on the rim of her desk, and then, slowly the large sad eyes would begin to fill with tears, the mouth would droop and she would fling herself on her desk, head in arms, crying "Yo no sé, yo no sé". Sister would speak to her softly in Spanish and she would brighten up ever so slightly and break out in a shy smile. Her classmates did all in their power to make her feel at ease; some invited her to their homes for Sunday supper, but her heart was still at home and nothing could dissuade her from wanting to return. Within one month, she left for home, so sad that she had not had the strength of her Spanish-speaking friends. However, the older girls seemed better able to cope with the problems that confronted them.

Although quite shy with the Canadian girls, they can be quite lively together and their spirited conversations can often be heard in the halls. They are as varied in temperament as can be, but polite and very kind.

The girls from Latin America have a contagious joy and flair, and are so endearing.

Eighteen-year-old Lolita, from Venezuela, was full of mischief and delighted in antics that would provoke laughter from her classmates. On one occasion, she made a wager that she could drink the ink in the inkwell. Each desk had a hole bored to the exact size of a small, flat-bottomed bottle. These bottles would be filled once a week with a weak mixture of ink and water — a mixture that sometimes played havoc with our fountain pens. Lolita waited for Sister to leave the room and downed the ink in one gulp. The one thing she had not counted on was blue lips. Because she sat in the first row and the seat nearest the window, it was quite obvious to Sister what had occurred. Instead of starting from the far end of the classroom, as she normally did, Sister decided to ask Lolita to be first to read the Latin passage. When she was finished, Sister remarked, with a wry smile : "You must be out of oxygen — your lips are blue."

The first snow of winter is thrilling for the boarders from Latin America. As excited as they have been

116

upon seeing the green maple leaves of summer turn to brilliant leaves of red and orange in the autumn, they are equally filled with excitement at the thought of a thick blanket of soft snow covering the ground. They have made up their minds to enjoy snow to the fullest, and before winter is over, they have bought skates, skis, toboggans, and even fur coats.

The Sisters consider etiquette to be of prime importance. Good manners are a sign of good upbringing and are consistent with the Convent's philosophy. Tact and discretion enter into this, as does consideration for one's fellow man. Harsh words are not tolerated and rough mannerisms are frowned upon.

The convent emphasizes these rules all the more through the use of two particular rooms : the Red Room and the Green Room. All of the students, the boarders especially, know the meaning of both of these rooms. Vivid recollections follow :

> The Red Room was strictly reserved for VIP's. If we were honoured by a visit of such dignitaries as a cardinal, a bishop, priests or members of Parliament, Mère Directrice would receive them in that very special room. As large as a ballroom and containing Queen Anne furniture in warm mahogany tones, its red velvet upholstery and enormous red velvet drapes complementing the Persian rug, it reflected a bygone era of opulence and artistic architecture. From its cosy alcoves, each with its leather-covered cushion, the amber-coloured wood panelling glowed in the cascade of light projected by the chandeliers whose prisms cast a rainbow of colours. The high-beamed ceilings, the oil portraits of the Masters, the Ming vases resting on intricately carved mahogany tables, the silver tea trays; all bespoke of a cultured refinement.

> The students regarded this room as the holy of holies, almost mystical and certainly very formal. It even seemed threatening to dare to open the door and peak inside. Those who dared to do this were considered among the bravest of the brave. After all, there was always the possibility that Mère Directrice would be lurking in the background.

117

The Courtyard
circa 1910

The Courtyard
1960s

The Green Room was quite special, although not as formal as its counterpart. This is not to say that it was considered informal. Parents and relatives were politely ushered into this hall adorned with less ornate furniture in the darker tones. Green velvet drapes and green uphol-stered furniture were in evidence throughout. Everything shone with the cleanliness and order that the Sisters were known for. It had the atmosphere of a front parlour and it was not unusual for a boyfriend or two (who sometimes posed as cousins) to be entertained at tea on Sunday afternoons.

D. M.-N.

An Early Case of Fitness

Once a week, the girls of high-school age have a gym class in the music room, set and conducted by a young married lady who always makes calesthenics fun and a pleasure to look at. One week, we see the girls doing square dances while the teacher calls out the reels. It is difficult to remember who is supposed to be the man when you are do-si-doing with your partner. More often than not, everyone ends up totally confused, but finding it quite hilarious. We still wear our uniforms but are obliged to wear large, baggy, blue woollen "bloomers" underneath. These ensure modesty when it is time to roll backwards or to do leg splits. The teacher is very understanding and charming, but intent on getting and keeping us "in shape". She turns a blind eye when 25 or more girls sprawl onto their stomachs, unable to continue doing push-ups and laughing too hard to care! We are all shapes and sizes — a motley group that provide teacher with much scope for the imagination and many attemps to orient us toward thinking "fitness". Four years later, we are still a motley group, happier from the experience and opportunity offered us to become physically fit.

A Courtyard for All Seasons

The courtyard was a "lieu" of colour and life where restrictions were relaxed and the students were free to

119

spend their leisure moments in a variety of activities. The change of seasons brought with it a diversity of amusements.

FALL, rich in hues of red and gold, and the courtyard has become a paradox of colour, sharply contrasting with the black uniforms now filling the yard. School is beginning. A new year beckons with all its challenges — an anticipation is felt at meeting new faces. A certain energy and enthusiasm surges as the familiar ring of the school bell reminds everyone of the discipline that is expected of them. Lining up in colums, the girls, ranging in age from six to nineteen, march silently and obediently into class.

WINTER, crisp and enchanting, magically transforms the tall poplars into spires of ice, the outstretched arms of the enormous elms, bedecked in crystal prisms, glisten in the sun. The cold sharp air invigorates everyone. The smaller children gleefully shout as they play on a great wooden slide which is always wonderfully iced-over. The first moment at the top, with a little piece of cardboard clutched in a snow-encrusted mitt, is the best part of the experience as one prepares, heart-in-mouth, to embark on an exciting ride to the bottom amid the laughter and encouragment of elated friends. Skating on the large rink appeals to the older girls. Some have home-made white skating outfits : red velvet thigh-length dresses trimmed with white rabbit fur, a furry muff enfolding the arms; some add "sparkles" that catch the sunlight. A few sometimes try daring acrobatics and for a fleeting moment, perhaps, the girl may let herself dream she is performing in the spotlight.

SPRING, gentle and warm, reawakens the majestic poplars into burgeoning life; the old elms suddenly resurge with renewed vitality. The courtyard is revived with the heady scent of lilac blossoms and budding honeysuckle. The little ones bring chalk and bits of broken glass as they attempt to draw up a game of hopscotch. Others carry a bag of marbles for a little fun playing "trix"; the air rings with the happy songs and sound of skipping rope ... "The wind, the wind blows high, blowing Mildred to the sky. She is pretty, she is kind. She is the one we all love best...".

SUMMER, short and flowery, encapsulated in June... The more athletic play tennis; others opt for croquet.

120

Two by two, girls stroll along the sandy paths or sit pensively on the dark green benches, basking in the warmth of the sun. The more industrious bring crochet, embroidery, or smocking, attempting to show the intricacies to a fellow classmate, sometimes with humorous results! In one instance, a girl's smocked peasant blouse becomes such a tangle of dots and criss-crosses, it is now too exasperating to continue. Teacher suggests the bottom be sewn, the arms knotted and presto... a laundry bag. A lesson in thrift and resourcefulness!

Departures are near; friends meet in the flower-courtyard for fond farewells and cherished promises. Autograph books are signed, treasured phrases added. The garden party is in progress; alumnæ mingle with teachers; precious moments of renewed acquaintance and shared interests.

Throughout every season, the courtyard provided a haven of security and serenity. It played an important part in each student's life, never more so realized than with the passage of time.

Its presence continues to linger in the mind's eye; truly, a courtyard for all seasons...

Happiness and Nostalgia

There is much excitement, and yet a touch of sadness, during the preparation for June graduation. There is meticulous attention paid to detail — from months of choir practices to rehearsing our curtsies as we slowly walk up and down the aisle to the strains of Handel's "Largo"; from mailing out invitations to hundreds of guests to ordering bouquets of sweetheart roses for the photographic sessions that will record forever the happiness on our faces, but not the nostalgia already in our hearts.

One of the graduates could not afford to buy the dozen roses needed for the group photograph; she would be the only one without flowers. Just before the photographic session was to take place, her home-room teacher, a resourceful and thoughtful Sister, disappeared for a few moments, returning with an armful of huge peonies taken

121

from the Chapel. Promptly tucking them into the delighted girl's arms, she said with a chuckle, "No one will notice they're not roses".

Then, there are the numerous rehearsals for the two girls chosen as valedictorians — one from the French section, the other from the English section. After all, are not the Archbishop, Mère Directrice, all the parents, all the teachers and friends of the graduates to be in attendance? It will be the crowning of four years of accomplish-

Graduation of the English
Grade 12 Students
1955

ments. Prizes are to be awarded for proficiency in various subjects. Those having obtained an average of more than 90% for the entire four years are being given a special medal inscribed with the sign of a cross.

The graduating class of 1955 had 84 students; of those, seven were from the English classical course.

June 16 was a typically warm spring evening and the music hall began to fill quickly with invited guests. The guest of honour, the vicar-general, had been designated to represent the archbishop, who was unable to attend. The students of three graduating classes, one each from the French and English classical courses, the other from the bilingual commercial class, took their place on the stage.

The ceremonies began with a special overture by a quartet. The two grand pianos echoed the melodies of the Masters at the hands of the accomplished young ladies sitting two by two. The salutation speeches followed, then the awarding of prizes by distinguished personages, including members of the clergy, of religious orders and doctors. The French group gave the valedictory as a whole — their voices unified as one. The English valedictorian felt the audience's eyes upon her as she nervously approached the centre of the stage, curtsied, and began her address :

"Monsignor, Reverend Members of the Clergy, Reverend Mother General, kind mothers, dear parents and friends.

"Recollections abound as we are about to depart. Our thoughts wander back to the time we entered this highly esteemed institution seeking nourishment for the mind — with a child's thirst for truth and a beginner's yearning for a full sight of the future — lacking in everything but in faith and a great purpose. Tonight we leave with a personal womanly conviction that our childhood hopes have been fulfilled; we leave with a mind that is more enlightened, and a purpose that has been confirmed towards a hopeful career of devotion and happiness.

"Deep emotions are awakened as we say good-bye to familiar grounds — our dear classroom, the schoolyard with its towering poplars, and ah yes, the dear old Chapel, where many a time we have knelt in silent adoration before the Host of our Tabernacle, pleading for the spiritual strength needed to keep our ideal high, very high! What a fond, sacred memory to recall and cherish on one's graduation day!

123

"Deep emotions are awakened, too, as we realize we must bid farewell to our devoted teachers, and especially to the one "home teacher" we have loved and appreciated throughout four happy years of high school. Can we say to you the word that bids us pass out from your watchful care : So must it be. Upon the threshold now we stand about to enter the life of action whose years of reality lie before us. Before we go, one more backward glance we turn to give all the golden hours we have spent within these convent walls, where gentle hands have led our steps, where kind applause and cheering smile met each honest effort. Even now we see the faces loved; they gather round us to give the nod of praise, and then, the last word — that parting word : Farewell!

"Dear classmates, sharers in work and play, in high ideals, in gratitude and deepest love, let us go forward holding high our faith for God and our institution as a flaming torch among the rugged paths of life. Be sure to hold it very high as a pledge of our remembrance and loyalty, of our deepest gratitude and lifelong appreciation.

"Cherished companions, fond teachers, kind mothers, we will remember, yes, we will remember."

Students of the Rideau Street Convent have a kindred spirit. We have shared a common philosophy, a self-discipline and an application to work that gave us a certain identity, knowing that we belong to a special sorority. The bond among us will last for life though we may be pursuing different roads.

Survival of an Ideal

By the beginning of the 1950s, the number of students enrolled in the English course was considerably reduced. Of the 89 young women who graduated in June 1956, only four had followed the English course. These small numbers forced the Convent's administration to phase out English-based instruction; by 1955, the Grade 11 English girls found themselves sharing their home-room teacher with grade 12; and the grade 12 girls were taking French-based instruction for such courses as chemistry and Latin. The necessity of doubling up did not diminish the quality of education, and in many ways enhanced it. Small numbers meant a very high degree of personal attention in all subjects

124

taken in English; by taking some subjects in French, the girls improved their knowledge of their second language.

The main emphasis in the English classical course at the high-school level was to provide the widest possible grounding in a broad range of academic subjects. No choices were offered; all subjects were compulsory. Because most girls in the 1950s did not go on to university, the objective was to stimulate their interest in science, art, literature and history and to give them the basis for a lifetime of continuing self-development. This objective also served the girls destined for university. With four years of biology, physics, chemistry, algebra, geometry, trigonometry, English and French literature and composition, Latin, world history, geography, theology, art and music tucked under their belts, they felt capable of coping with any university curriculum. Teachers did everything to encourage the more gifted students to pursue their education. Through generous praise for regular hard work, all students learned the pleasure of pride in accomplishment and the importance of self-respect. To promote mental discipline, the girls were often obliged to memorize poetry or a Latin text. To develop problem-solving skills, emphasis was placed on the principles of mathematics. To learn how to communicate effectively in their first language, students took elocution lessons and wrote a seemingly endless number of compositions on their personal experiences, on current political events and a variety of other topics. To appreciate the beauty of two languages, they studied Shakespeare and Molière. To heighten analytical skills, students spent hours in rather old-fashioned laboratories and tried to fathom the mysteries of physics. Through religious instruction, the girls learned philosophy, and moral values that included tolerance, generosity, integrity, modesty, fairness and sensitivity to the needs of other people.

Emerging from the shelter of Rideau Street Convent in the mid-1950s, the last English graduates carried with them substantial academic knowledge, sound working skills and a well-developed sense of personal identity. These advantages would serve them well whether they became homemakers and/or pursued careers.

The Sisters at Rideau Street Convent held out a vision of the future, a challenge and an excitement that represented the educational ideal.

J. M.-M.

125

Chapitre 5

Le Collège Bruyère

Ardens et lucens
Lampe qui brûle et qui luit

1925-1968

Jocelyne Mathé-Tessier

L'être-poème
a par l'étude acquis
les données réfléchies
il se fait il embrasse la vie :

la semence semée
à son tour advient.

Andrée Lacelle

La pensée d'un collège féminin germe. Il faut semer l'idée, la cultiver, l'amener à porter fruit. Le Collège Bruyère, jardin où de nombreuses jeunes filles se sont épanouies, à la lumière des Arts et à l'ombre de la Chapelle, laisse, après une quarantaine d'années, un héritage qui enrichit toujours notre société.

Au début des années 1920, plusieurs professions libérales deviennent lentement mais progressivement accessibles aux femmes, et plusieurs jeunes filles du

Couvent de la rue Rideau songent à poursuivre leurs études au-delà du secondaire. L'Université d'Ottawa n'accepte pas encore de candidates féminines[1] au niveau du baccalauréat et, à cette époque, le seul collège classique pour jeunes filles au Canada français se trouve à Montréal. Alors, les religieuses du Couvent, dans une vision d'espérance pour leur œuvre d'éducation, ont la conviction qu'elles doivent faire face au défi de continuité vers les études supérieures. Vision nouvelle pour les autorités de l'Université d'Ottawa : il s'agit de créer un collège affilié, hors campus, où l'on pourrait préparer des candidates aux examens universitaires. On peut imaginer la quantité d'arguments solides que les religieuses ont dû apporter et le nombre de conditions particulières que les responsables de l'Université ont dû imposer avant d'accepter la possibilité d'un collège féminin!

Dans le sermon qu'il prononce lors de la messe du 15e anniversaire du Collège, le père Rodrigue Normandin, o.m.i., rend hommage à la ténacité des fondatrices, tout en expliquant la devise du Bruyère : *ardens et lucens* «deux mots pour signifier deux éminentes réalités : la charité qui embrase les cœurs, la foi ou le vrai qui illumine les intelligences.» Le prédicateur cite d'abord Jean V,35 : «*Ille erat lucerna ardens et lucens*» et il explique que Jésus affirme en ces termes que Jean-Baptiste, le Précurseur, est la lampe qui brûle et qui luit. Puis, en parlant de la fondation du Collège en 1925, il affirme :

Il s'agissait bien en effet de faire ici, dans la capitale canadienne, œuvre de précurseur et d'ouvrir un sentier nouveau. Personne n'avait encore osé s'aventurer jusqu'à offrir aux jeunes filles l'éducation supérieure qui les porterait candidates au baccalauréat et, éventuellement, aux carrières offertes aux détentrices d'un parchemin universitaire. Quel courage et quelle audace ne fallut-il pas pour courir vers l'inconnu et l'incertain, alors que tant de préjugés sur l'éducation supérieure féminine étaient encore marchandise courante[2].

Enfin, le 20 juin 1925, on annonce la fondation du Collège Bruyère[3] affilié à la Faculté des arts de l'Université d'Ottawa.

Sœur Marie-du-Rédempteur, c.s.o.
première directrice du Collège Bruyère
1925-1927

Le Collège ouvre ses portes le 15 septembre 1925, sous la direction de sœur Marie-du-Rédempteur dans de bien modestes locaux du Couvent Rideau : une petite salle de classe du couvent, au 3e étage de la rue Waller[4].

Le seul collège classique bilingue pour jeunes filles en Ontario n'a jamais figuré aux archives de la ville; aucun historien d'Ottawa n'a signalé sa fondation ni son existence et aucune publicité ne paraît dans les journaux de l'époque.

En réalité, quatre étudiantes s'y inscrivent en cette année d'ouverture et, en juin 1929, deux d'entre elles reçoivent leur diplôme de l'Université d'Ottawa. Ce sont mademoiselle Rita Roy (sœur Marie-du-Sauveur) qui devint religieuse ursuline à Québec, professeur de mathématiques et directrice du Collège des Ursulines, et mademoiselle Bernadette Tarte, qui, après ses études en bibliothéconomie, devint bibliothécaire à l'École normale de l'Université d'Ottawa[5].

Premières bachelières ès arts
du Collège Bruyère

Malgré tout, le jeune Collège Bruyère tient bon contre les assauts à la culture traditionnelle dus à l'influence des pragmatistes et des tenants de la spécialisation, et surtout contre les accusations d'encombrer le marché des professions déjà saturé à l'époque de la crise économique. Malgré ces circonstances difficiles, le rêve des religieuses fondatrices se réalise : le Collège Bruyère ouvre les portes à la promotion de la femme dans la société de l'avenir.

Il fallait que les fondatrices soient inspirées pour croire dans l'avenir du Collège de cette époque! Les premières enseignantes étaient extraordinaires : Sœur Joseph-Arthur dispensait un bon cours de latin; j'aimais beaucoup le cours d'espagnol de sœur Antoinette-de-Florence. On appelait sœur Marie-du-Rédempteur le poète. En ce temps-là, il fallait bien que les religieuses adaptent leur horaire aux exigences des élèves et des professeurs. Par exemple, Rita Roy travaillait et venait suivre les cours après les heures de bureau. Nous avions des cours le samedi avant-midi. Un professeur religieux de l'Université venait enseigner la philosophie à 5 h 15 en semaine. On allait à l'Université pour les cours de physique. La pédagogie s'enseignait au 3ᵉ étage de la salle académique de l'Université.

Bernadette Tarte, B.A. 1929.

Les bachelières du Bruyère se dirigent vers des professions diverses : médecine, droit, bibliothéconomie, service social, éducation, traduction, psychologie, recherches scientifiques, sciences politiques, etc. On compte même des poètes et des écrivains. Peu à peu, les universités canadiennes et américaines les accueillent. Et les inscriptions se multiplient : elles atteignent 210 en 1963, même après l'admission des femmes à l'Université d'Ottawa. De 1929 à 1968, on compte 423 bachelières du Collège Bruyère, dont 27 *Summa Cum Laude*, 51 *Magna Cum Laude* et plus de 90 *Cum Laude*[6].

À l'occasion du 25ᵉ anniversaire du Collège, Germain Brière écrit dans son éditorial du journal *Le Droit* :

Des quelque 135 jeunes filles qui ont obtenu leur baccalauréat au Collège Bruyère depuis 1929 à 1950, 67 ont poursuivi des études universitaires; 8 ont obtenu un doctorat en médecine, en psychologie expérimentale, en droit et en lettres; 7 détiennent une licence en psychologie, en sciences politiques, en sciences sociales et en diction française; on en compte encore 3 qui ont leur maîtrise ès arts, 4 qui sont bachelières en bibliothéconomie, 14 diplômées en assistance sociale, 1 en dessin et 28 en pédagogie.

Soulignons encore que 24 bachelières se trouvent dans le fonctionnarisme, que 3 sont présidentes dans des mouvements d'Action Catholique, que 51 sont mariées et mèı .s de famille et que 12 sont devenues religieuses dans 5 communautés différentes.

De ces données, on peut déduire très facilement que le fait d'être bachelière n'est pas du tout incompatible avec le mariage et que les études classiques offrent aux jeunes filles la possibilité de rendre d'éminents services dans des carrières qui leur conviennent[7].

Après cette époque, nous n'avons pas les renseignements précis pour ce qui est de l'orientation et de la réorientation des anciennes vers diverses professions, mais nous les retrouvons nombreuses dans toutes les disciplines que nous avons énumérées. Elles œuvrent dans plusieurs pays comme missionnaires : Pérou, Bolivie, Cuba, Madagascar, Afrique du Nord et du Sud, Afrique centrale, Japon, Philippines. D'autres enseignent à l'étranger comme laïques : la philosophie en France, l'anglais en Chine et au Japon, les sciences en Afrique. Une exerce sa profession de médecin en Bolivie où elle établit un hôpital et une école d'infirmiers et d'infirmières. Quelques-unes détiennent des postes de niveau international comme à l'OTAN et à l'Association internationale des écoles de service social. Plusieurs s'acquittent avec brio de leur rôle d'épouses de diplomates en Italie, en Espagne, au Brésil, en Égypte, au Vatican et à l'ONU.

Au cours des ans, la grande majorité des collégiennes viennent de la région de la capitale : Ottawa, Vanier, Orléans, Rockland, Embrun, Casselman, L'Orignal, Alfred, Hawkesbury, Alexandria, Cornwall, Hull, Gatineau, Aylmer, Buckingham et Maniwaki. Quelques-unes sont de Montréal et de la région de Trois-Rivières, de Shawinigan, de Rouyn. Plusieurs sont du sud de l'Ontario, de la région de Paincourt; d'autres, du nord de l'Ontario : Sudbury, North Bay, Kapuskasing, Sturgeon Falls, Timmins. Il y en a même qui sont originaires du Nouveau-Brunswick et de l'Ouest canadien, de la région d'Edmonton. La majorité sont francophones. La plupart ont fait leurs études dans les écoles secondaires dirigées par les

Sœurs de la Charité. Plusieurs sont lauréates ou candidates des concours de français de l'époque. Quelques-unes ont reçu des bourses de l'Amicale d'Youville[8] pour payer les frais de scolarité de leur première année.

Une ancienne de la région de Paincourt exprime sa vive appréciation de la culture générale reçue au Collège Bruyère.

Après plus de 20 ans de recul, mes souvenirs de jeune fille issue d'un petit village francophone du sud de l'Ontario, Paincourt, restent toujours aussi vifs. Mes études au Collège Bruyère me marquèrent profondément. Ce fut pour moi une prise de contact avec une culture à dominance francophone : professeurs et amies véhiculaient des valeurs qui m'étaient nouvelles. Ce fut aussi une ouverture sur le monde : le réveil aux aspirations politiques de nos voisins québécois, le réveil au renouvellement théologique de Vatican II, le réveil aux idées féministes de Betty Friedan, le réveil aux plaisirs esthétiques de la musique et de la littérature et enfin le réveil aux amitiés précieuses qui durent toute la vie.

Anne-Marie Caron, 1962

Une autre se souvient de l'enrichissante culture linguistique et littéraire trouvée au Collège Bruyère, alors qu'elle venait à peine d'arriver au Canada :

C'est au Couvent Rideau que j'appris le français et l'anglais, car, arrivés depuis peu au Canada, mes parents croyaient que ce serait utile de connaître les deux. Il fallait donc fréquenter l'école française. C'était quelques années avant la Loi sur les langues officielles.

Les années passées au Collège Bruyère creusèrent plus profondément ce goût pour les langues. Il ne suffisait pas de bien parler et d'écrire correctement : encore fallait-il apprivoiser le génie de la langue, découvrir sa culture et la richesse de sa littérature. Nous avions comme professeurs des femmes dévouées et convaincues qui nous communiquaient leur amour du français, de l'anglais, de l'espagnol, du latin même! Je dois à leur enthousiasme et à leur engagement un respect profond pour la parole et l'écriture. Nous n'étions pas encore à l'ère de l'audio-visuel!

Parmi tant de souvenirs de cette époque se faufile une constante... Que de fois, je me rends compte que nous y avons noué des amitiés qui résistent bien à l'usure du temps!

Femmy Mes, 1963

Le Collège n'a jamais reçu de subvention provinciale, mais il a pourtant maintenu les frais de scolarité très bas. Par exemple, au début, les frais de scolarité en Belles-Lettres et en Rhétorique étaient de 75 $. En 1967, un an de cours au Collège ne coûtait que 350 $! Telle est la généreuse contribution des Sœurs de la Charité à la cause franco-ontarienne et la réponse à son besoin de former une élite et des chefs de file francophones.

Le Collège offre le logement à celles qui le désirent. Des chambres à prix modiques pour une ou deux personnes, au deuxième étage de la section de la rue Rideau, ont été témoins d'heures d'étude sérieuse et de moments de gaieté folle après les premiers jours de nostalgie. Le vrombissement des camions, le tintamarre des tramways et les ébats trop gais des clients des hôtels de la rue Rideau retardent le sommeil en soirée, mais après une semaine ou deux, ces bruits ne dérangent même plus les beaux rêves des dormeuses. En dehors des heures de cours ou de l'étude en soirée, les jeunes filles sont libres de sortir sans chaperon.

Esprit de fraternité

Vers les années 1950, les collégiennes plus nombreuses se sentent à l'étroit dans le pavillon de la rue Waller. Les huit salles de classe sont exiguës et il n'y a pas de salle commune. Parce qu'on n'a que le corridor pour piquer une jasette entre les cours, on se retrouve souvent au petit restaurant «Chez Sab» pour un café. Le réfectoire ne loge que les pensionnaires; les externes doivent déguster leur lunch dans les salles de classe ou à la cantine du sous-sol. On lit à la chronique de «Colin Maillard» dans le journal du Collège :

Suggestions pour déloger les retardataires à la cafétéria :
installer son cabaret sur le sol, manger poliment debout à
côté d'elles, ou pleurer à chaudes larmes[9].

Ces souvenirs n'ont rien de morbide, car personne
ne regrette l'intimité et l'esprit de fraternité qui a été créé
tant est vrai ce que Shakespeare met sur les lèvres d'Edgar dans *King Lear*, Acte IV, sc. 1 :

The lowest and most dejected thing of fortune,
Stands still in esperance, lives not in fear.
The lamentable change is from the best;
The worst returns to laughter.

Les étudiantes des années 1960 ont connu le grand
living room, coin Rideau et Waller, de même que la grande
salle commune sous la chapelle. Elles se souviennent aussi,
sans doute, de la salle à dîner, transformée en cafétéria
moderne aux comptoirs chromés toujours brillants de
propreté et du service marqué de diligence et d'amabilité.
On ne doit pas oublier l'ajout des grandes fenêtres panoramiques donnant sur la cour intérieure du Couvent...section réservée aux collégiennes. Quelques-unes se
rappellent probablement les regards et les sourires en
direction du guichet lave-vaisselle où des étudiants de
l'Université offrent leurs services. Un d'entre eux y a
gagné plus qu'un maigre salaire... il y a conquis une épouse!

De tout temps, les collégiennes se reconnaissent
et se distinguent par leur costume. Le port de l'uniforme,
généralement bien accepté par les étudiantes malgré
quelques réserves, est une solution pratique à plusieurs
problèmes : celui du budget personnel ou familial; celui de
la compétition féminine; celui de la distraction des professeurs. Le costume a toujours été très simple et de rigueur
aux cours seulement. Au début, la robe bleu marine avec
un plastron de soie blanche; plus tard, on adopte le deux-pièces bleu marine avec blouse blanche. Le style est laissé
au choix de chacune. Plusieurs aimaient à porter l'épingle
ou la bague monogramme, dessin de sœur Marie-Lucile,
inspirée par la devise du Collège, *Ardens et Lucens*. Le

monogramme entrelacé au flambeau gris et grenat, debout sur une petite fleur de Bruyère, s'est mérité l'éloge de la bijouterie Henry Birks : «C'est la plus jolie et la plus artistique de toutes les épingles que nous fabriquons pour les écoles.»

L'enseignement

Le Collège Bruyère a toujours été dirigé par les Sœurs de la Charité d'Ottawa. Quatre directrices se succèdent tout en enseignant quelques cours au programme : sœur Marie-du-Rédempteur (1925 à 1931), sœur Joseph-Arthur (1931 à 1934), sœur Marguerite-d'Youville (1934 à 1957), sœur Sainte-Madeleine (1957 à 1968). Elles recru-

Sœur Marguerite d'Youville, s.c.o.
directrice du Collège Bruyère
1934-1957

tent des professeurs non seulement très compétents, mais aussi particulièrement intéressés à la formation intellectuelle, morale et artistique des collégiennes. En plus des nombreuses religieuses de la communauté qui enseignent divers sujets au Collège, les Pères oblats de l'Université, puis leurs diplômés de l'Université Saint-Paul, à partir de 1959, enseignent la philosophie; quant à la théologie, après les oblats, les dominicains, des prêtres d'autres communautés et des prêtres séculiers donnent les cours. Le personnel enseignant compte plusieurs femmes laïques et religieuses même dans l'enseignement des mathématiques, des sciences, de la sociologie et des sciences politiques. Au cours des années 1950 jusqu'à la fermeture du Collège, le personnel comprend plus de laïcs et de laïques que de religieux et de religieuses.

Dans l'enseignement, on met l'accent sur une culture générale bilingue. Tous les sujets sauf l'anglais sont enseignés en français et on assure une haute qualité de la langue maternelle; mais l'anglais qu'on y enseigne est de niveau "English". En fait, les anciennes du Bruyère qui se présentent aux facultés supérieures des universités ou qui se dirigent vers la fonction publique ont la réputation de bien maîtriser les langues officielles. Et le Collège d'Éducation d'Ontario (OCE) reconnaît le diplôme du Bruyère comme un baccalauréat spécialisé en anglais dans le cas des étudiantes qui ont suivi les cours d'anglais durant leur quatre années de collège.

Dans les années 1930, il y eut plusieurs collégiennes anglophones, assez pour former une section anglaise. Une étudiante de l'époque décrit son expérience :

When Bruyère College opened in 1925, it was meant to be a bilingual institution of higher learning for the Catholic young women in the Ottawa area.

Up to 1938, there was only a small number of English girls who had graduated from Bruyère College. Notable among these was Mary Keevil who became perfectly bilingual, and was one of the first anglophones to reach a high degree of proficiency in French. All the courses were

137

given in French and the few girls who started off with Mary found it too difficult to continue in French.

With the beginning of World War II in 1938, women were starting to thirst for higher learning, and with more and more enlisted men in the armed forces, new jobs and careers were available to women. In 1938, there were more English students enrolled at Bruyère College than there were French students. In the freshman year, were the following : Geneviève and Mary Elizabeth Kelly, Effie Wither, Kathleen Keevil, Mary Madden, Kathleen Cox, myself, and two French girls, Rita Racine and Lucette Thibeault. Three of the girls dropped out in philosophy year, Kathleen Keevil entered the convent, Effie Wither went on to obtain a Masters, and the Kelly students, who were American citizens, enlisted in the United States Army.

The students were greatly relieved when the courses in the English language continued. Sister St. Cecilia taught many of the required courses, Italian was taught by Sister Vincent Ferrier, French Literature and Grammar by Sister Sainte-Madeleine, English Literature and History by Professor George Buxton of the University of Ottawa. Needless to say, there was a little more colour on the lips, and more care in our appearance the days that Mr. Buxton came to teach. Instead of our usual navy uniforms, many of us would find some excuse to wear more attractive and stylish apparel to class. He always had an interesting anecdote to relate, and had no trouble holding our attention, or getting us to do our assignments. That is not to say that our teachers were not interesting, but our young minds were more attuned to the debonair Mr. Buxton, who seemed so much more wordly and sophisticated.

True, we did live sheltered lives compared to today's standards, but there were no crises in our lives, no search for self-identity, because we knew who we were. The rules were hard but we followed them, regardless of our inclination to rebel at times. The result was that we felt peaceful and secure. There was not the peer pressure that young people feel to-day.

Commitment to family and religion were impressed on us. I found that the religious faith which was instilled within me became an anchor to grasp and hold in times of sorrow and distress. When problems overwhelmed me I had inner resources to see me through.

138

True education is more than learning from text books : it is the total of all the basic ingredients that make up a person's philosophy of life. To learn to appreciate truth and beauty and have compassion for one's fellow man, to apply these values in our daily life — these were the values that we were taught at Bruyère College, along with mathematics, science and languages, etc.

The days at Bruyère College were an era of stability and harmony, and we owe a great tribute to the dedicated Grey Nuns of the Cross. Our appreciation for them will live on, together with cherished memories of happy, carefree college days.

Raymonde Guttadauria Krzyzewski, B.A. 1942

L'art de bien penser

Au début, le programme d'étude est celui des collèges classiques traditionnels canadiens-français. On y enseigne surtout ce qu'on appelle les humanités : philosophie, théologie, français, anglais, latin, histoire, mathématiques et biologie. On préconise surtout l'art de bien penser et de bien écrire. Mais le Collège suit de près les changements de l'époque et, sans pour autant perdre ses principes de base, il ajoute au programme une variété d'options qui répondent aux nouvelles orientations des collégiennes : espagnol, italien, psychologie, sociologie, esthétique, sciences politiques. Dans les années 1930, il y a eu des cours de géologie, de géographie physique, de physiologie, de chimie, d'économie sociale et même d'art culinaire. En 1957, le Collège obtient l'autorisation de la faculté des Sciences pures et appliquées de l'Université d'Ottawa, d'offrir des cours du niveau pré-sciences afin de préparer les collégiennes désireuses de poursuivre leurs études d'infirmière, de pré-médical et de technicienne de laboratoire. En 1953, il y a fusion des élèves d'*Upper-School* (13e) aux élèves de Belles-Lettres; les cours de 13e donnés au collège comptent comme crédits de première année au baccalauréat et permettent aux collégiennes de s'inscrire à l'École normale en Ontario.

À l'ombre de la chapelle

La formation religieuse au Collège fait partie du curriculum. Les cours de théologie sont obligatoires, et ils sont répartis sur les quatre années. Quand les sciences religieuses deviennent une option, dans les années 1960, le Collège se réserve le droit d'exiger un cours d'initiation à la Bible, en première année, comme base de toute étude religieuse.

Une des plus anciennes évoque le souvenir du climat de piété des premières années :

> Neuf heures! Le silence règne! La voix grave de Sœur Directrice commence le *veni Sancte* et les têtes s'inclinent. Dix heures sonnent, c'est la salutation à Marie. La proximité de la chapelle permet aux collégiennes d'aller égrener leurs Ave à l'autel même de la Vierge[10].»

Comme dans toutes les écoles et tous les collèges de cette époque, il y a une retraite au début de l'année, soit au Collège même, soit à l'extérieur[11]. Dans les années 1960, on laisse à chacune la responsabilité de décider de ses activités religieuses. Plusieurs se joignent aux étudiants de l'Université pour la Montée St-Benoît, qui permet une expérience religieuse de groupe en marche.

Les collégiennes du Bruyère peuvent dire qu'elles ont vécu à l'ombre de la belle chapelle qui est restaurée au Musée des beaux-arts. L'entrée de la chapelle donnait sur le corridor principal du Collège, et, pour qui en sentait l'attrait, il était facile d'y entrer discrètement. Si nous avions connu l'avenir, nous aurions sans doute regardé sa belle voûte plus attentivement!

Je ne saurais terminer cette section sur l'enseignement sans souligner le grand avantage de notre formation scolaire dans un milieu plus restreint que celui d'un campus universitaire. Les professeurs, chargés de petits groupes seulement, pouvaient suivre plus facilement les réactions de leurs auditrices, ce qui favorisait une attention plus soutenue, de même qu'un climat de détente et de spontanéité favorable à une meilleure collaboration. Tout en appréciant leur compétence, nous les sentions proches de nous et désireux de nous communiquer le meilleur d'eux-mêmes. Plusieurs semblent avoir gardé des souvenirs très personnels et entretiennent même des relations d'amitié fidèle.

En plus de veiller au développement intellectuel, moral et religieux, le Collège Bruyère offre, moyennant quelques frais supplémentaires, l'avantage de cours libres en art, en diction et en musique, donnés par les professeurs privés qui desservent aussi le Couvent Notre-Dame-du-Sacré-Cœur.

Un chapitre particulier est consacré à cet aspect culturel de la formation des étudiantes à tous les niveaux de leurs études.

Enfin, si les collégiennes peuvent ajouter à leur culture en assistant à des conférences, à des pièces et des concerts classiques, en visitant les musées et les archives, ou en ayant recours aux bibliothèques parlementaire, universitaire et municipale, elles acquièrent certes le culte des livres en fréquentant la précieuse bibliothèque du Collège. Certaines parleront de sa pauvreté à ses débuts, d'autres, de sa richesse des années 1960. S'il n'y avait pas la quantité ni la variété de volumes que l'on retrouvait ailleurs, il s'y trouvait des collections inestimables, des trésors que l'on consultait sur place et avec respect! Une collégienne de 1967, qui terminait son baccalauréat à l'Université, confiait à la dernière directrice du Collège : «Ce qui me manque le plus, c'est la bibliothèque : à l'Université, il y a beaucoup plus de volumes, mais ceux qu'on cherche n'y sont pas; au Collège, les livres appropriés aux cours étaient disponibles sur demande.»

Que de souvenirs surgissent de mon inconscient, en ce moment où je rédige un témoignage au Collège Bruyère.

Nous étions quatre finissantes, au mois de juin 1943. Nous avions vécu notre vie collégiale dans une entente

141

fraternelle, une bonne humeur coutumière et une amitié sincère.

Le souvenir des religieuses qui m'ont enseigné m'est très précieux. Leur dévouement, leur savoir-faire, leurs rapports avec les élèves constituaient un aspect discret mais très important de l'éducation.

Chaque ancienne chérit sans doute ses propres souvenirs de ses années d'études au Collège. Les anciennes de mon temps partageront toutefois les souvenirs suivants : l'érudition de sœur Marguerite d'Youville en littérature française, en histoire, en anatomie; le goût du Beau, chez sœur Blanche-de-Castille, et l'intérêt qu'elle savait nous communiquer pour l'étude du latin; la connaissance de la littérature anglaise chez sœur Sainte-Madeleine, et cette attention qu'elle portait à nous faire observer la richesse du style de tel texte, le sens particulier de tel autre, ou encore la comparaison d'un texte à un autre. Les auteurs au programme devenaient des amis que nous nous proposions de relire.

L'éducation supérieure des jeunes filles, comme on disait dans le temps, a été assurée par le travail, les sacrifices, la surnaturelle ambition des Sœurs Grises de la Croix. En vivant de la devise du Collège, les religieuses ont préparé leurs élèves à servir la société sous l'inspiration de cette même devise — «*Ardens et Lucens*».

Violet Busey, B.A., 1943

Les activités spéciales

On ne manque pas d'occasions pour fêter au Collège, depuis l'initiation en septembre jusqu'à la séance de clôture en juin. L'annuaire du 10e anniversaire donne une bonne idée des activités spéciales. Un pique-nique en octobre à la Villa Lakewood des Sœurs de la Charité d'Ottawa, au bord du lac Deschênes, permet aux étudiantes de faire du canotage et du tennis. En novembre, on fête sainte Catherine, patronne des philosophes, par un programme de musique. Durant l'année, on assiste à des causeries : Éva Bouchard (Maria Chapdelaine) parle de l'œuvre de Louis Hémon; Mademoiselle E.M.B. Warren, paysagiste anglaise, donne une conférence sur *Homes and*

Haunts of Great Men (de Shakespeare à Browning); le père Levasseur, rédemptoriste, explique l'origine de l'image vénérée de Notre-Dame-du-Perpétuel-Secours, avant l'intronisation de cette image, le 4 avril 1936, à la chapelle[12].

À l'automne, la rentrée amène l'initiation au Collège : que les nouvelles collégiennes soient traduites en cour[13] ou entraînées sur la rue Waller pour parader en chantant «Quand le Bruyère prend son élan[14]...» elles n'échappent pas à cette tradition dont les rites varient d'année en année. Puis, il y a la retraite et la Montée St-Benoît. En novembre, les collégiennes ont une soirée de violonneux[15] ou une soirée travestie[16] ou une soirée récréative au Lakeside Gardens[17].

Dès le début de l'hiver, en vue de Noël, on organise une cueillette pour préparer des paniers en faveur des pauvres[18]. Les collégiennes contribuent aussi aux œuvres missionnaires : dons à même les fonds du conseil des étudiantes ou sommes recueillies dans la petite boîte en salle de classe.

Tantôt en décembre, tantôt en février, on fête sœur Supérieure : dans les années 1950, le programme de la journée offre quelques morceaux de musique, du chant et un débat littéraire. En février, c'est aussi le Carnaval : on a déjà organisé une promenade en traîneau et un repas de fèves au lard au Collège[19].

Les 6 mars, dans les premières décennies, les collégiennes célèbrent la Saint-Thomas-d'Aquin, la fête de la Lumière, en présentant des exposés sur des sujets philosophiques; on intercale chant et musique entre les dissertations sur des thèmes tels que «La philosophie, reine des sciences humaines», «Le génie de saint Thomas», «Relations de l'Église et de l'État[20]».

Au fil des ans, il se crée plusieurs cercles au Collège. Un des plus actifs est le cercle littéraire, qui organise des débats durant l'année scolaire 1935-1936. Voici,

Présentation de *Esther* de Racine
par les étudiantes du Collège Bruyère
1929

Présentation de *Athalie* de Racine
par les étudiantes du Collège Bruyère
1932

145

tirés au hasard, quelques-uns des sujets discutés : «La femme d'esprit est supérieure à la femme de cœur»; «L'intelligence a primauté sur le caractère[21].» Une ancienne rappelle ces débats :

> C'est un lundi... et au second semestre, ce jour marque au Collège un événement de première importance : un débat. À quatre heures précises, vêtues de la toge, coiffées du béret académique, les orateurs du jour se rendent dans la salle de philosophie[22].

L'*Entre-Nous* de mars 1947 mentionne quatre cercles en plus de la Société des quatre débats : les cercles de français, d'anglais, d'espagnol et de folklore présentent un spectacle de quatre numéros à Noël 1946.

Au printemps aussi, on monte des pièces classiques sous la direction des professeurs de diction de l'Université et du Couvent Rideau. Plusieurs rappellent encore avec beaucoup d'éloges les présentations :

La Reine Bathilde (1928)
Esther (1929), *Le Cid* (1930)
Polyeucte (1931), *Athalie* (1932)
Iphigénie et *Les précieuses ridicules* (1934) *Andromaque*.

L'Amicale Bruyère

En 1940, les anciennes fondent l'Amicale Bruyère. Elles organisent plusieurs activités telles que la réception de Rina Lasnier, membre de l'Académie canadienne-française après sa conférence sur *Les Madones canadiennes*, le mardi 19 novembre 1946, et le forum sur le service social, pour les collégiennes, le 25 avril 1947. De 1947 à 1952, l'Amicale publie un journal, *Entre-Nous*, pour créer un lien entre les anciennes collégiennes et celles de l'époque. Et en 1950, les anciennes créent un fonds permanent pour les œuvres de l'Amicale, en souvenir du 25e anniversaire du Collège. Enfin en 1988, un grand nombre d'anciennes du Collège se joignent aux anciennes du Couvent Rideau pour les grandes retrouvailles et les fêtes qui entourent la restauration de la chapelle au sein du Musée des beaux-arts d'Ottawa.

Si plusieurs collégiennes excellent dans l'art oratoire ou l'art dramatique, d'autres affichent des talents de journalistes. Dès les premières années, les collégiennes contribuent au journal *Le Croiseur*, revue du Couvent Rideau et du Collège. De 1951 à 1956, elles publient *Le Bruyère* et *Le Petit Bruyère*. Elles participent au journal *Entre-Nous*. Dans les années 1960, le Collège publie *Coup d'œil*. Et les collégiennes contribuent au *Fulcrum* et à *La Rotonde* de l'Université d'Ottawa, à partir de 1945.

Célébrations

Certaines grandes fêtes ont marqué l'existence du Collège Bruyère. Au jubilé de monseigneur Forbes, les 11, 12 et 13 octobre 1938, les étudiantes du Collège font partie de la bergerie chorale du père Gustave Lamarche, c.s.v., *Le Cantique du Gardeur*. En 1954, à l'occasion du Congrès marial, les collégiennes participent aux *Grands Jeux choraux* montés par Rina Lasnier.

La plus grande des célébrations fut certes le Jubilé d'argent du Collège Bruyère, en décembre 1950. Le samedi 9 décembre, à 15 h, les invités signent le Livre-Souvenir. À 15 h 30, après le Salut du Saint-Sacrement, 27 enfants des anciennes collégiennes jouent «un Rêve où se succèdent les 25 années du Collège», sous la direction artistique de l'auteur, une ancienne du Collège, madame Yolande Bénard-Dompierre. À 17 h, sœur Supérieure offre le thé aux anciennes. Le lendemain, le dimanche 10 décembre, à 11 h 00, le père Jean-Charles Laframboise, recteur de l'Université d'Ottawa, célèbre une messe solennelle dans la chapelle, le père Rodrigue Normandin prononce l'homélie, le père Martel dirige le chœur Palestrina. Un banquet, présidé par monseigneur Alexandre Vachon, réunit 200 convives dans la salle académique du Collège. Au cours de l'après-midi, l'Amicale Bruyère tient son assemblée plénière au salon rouge et dans la soirée, le père

L'exécutif du Collège Bruyère
Comité des Anciennes
1949-1950

148

Le Collège Bruyère célèbre son jubilé d'argent
1950

149

Bernard Julien agit comme modérateur d'un colloque sur «La poésie religieuse», auquel participent le père Hyacinthe-Marie Robillard, o.p., le père Hilaire-de-la-Pérade, o.f.m.cap., monsieur Alfred Desrochers et monsieur Guy Sylvestre. L'Amicale sert un vin d'honneur à la fin de la soirée. Les religieuses responsables du décor ménageaient une surprise aux anciennes à la fin des célébrations : elles étaient allées dans le bois choisir un petit chêne parfait, en avaient argenté toutes les feuilles et inscrit le nom d'une finissante sur chacune. En fin de soirée, chaque ancienne participe au dépouillement de cet «arbre» généalogique et conserve sa feuille argentée.

L'événement principal au Collège, le plus attendu, c'est le palmarès de fin d'année, qui a lieu à la salle académique de l'institution. Durant les premières décennies, les séances de clôture de l'année scolaire en juin s'ouvrent au son de la musique par l'entrée solennelle des finissantes en robes longues, accompagnées de petites bouquetières du cours primaire du Couvent, et suivies des autres collégiennes en toge et coiffées d'un mortier; puis, sous la présidence du Recteur de l'Université, il y a la distribution des prix, entrecoupée de sélections musicales par l'orchestre et la chorale de l'institution, devant l'auditoire composé de parents, de professeurs, d'amies et d'admirateurs. Le nombre croissant de collégiennes et l'évolution sociale incitent les étudiantes à remplacer la soirée du palmarès du Collège par une soirée dansante à l'extérieur. Cependant, à la collation des grades de l'Université, la section du Collège Bruyère a sa proclamation individuelle où les diplômées reçoivent aussi leurs prix spéciaux : médaille du Gouverneur général pour excellence générale; médaille de l'Université pour excellence en philosophie; prix de l'Ambassade de France pour excellence en français; prix de monseigneur l'Archevêque pour excellence en théologie; prix de l'Institution pour excellence dans une discipline particulière. Aux dires d'une ancienne directrice, «les larmes de joie et de fierté se mêlent aux sourires de B.A.titude!»

De plus, la Direction du Collège a toujours fêté ses finissantes, le matin de la remise officielle des diplômes, au Capitol ou au Centre national des arts. Après la messe à la chapelle, toutes les collégiennes et les parents de finissantes sont invités à un déjeuner. Les finissantes font des vœux à l'endroit de l'Église, du Canada, de l'Université, du Collège, des religieuses et de leurs parents.

En 1968, année de la fermeture du Collège, le banquet des finissantes réunit professeurs, étudiantes et anciennes à l'hôtel Skyline pour le dernier adieu.

Sœur Sainte-Madeleine, s.c.o.
directrice du Collège Bruyère
1958-1968

Fermeture

Les derniers mots reviennent de droit à la dernière directrice du Collège, qui écrivait le 2 février 1968, pour annoncer la fermeture du Collège après 43 ans d'existence :

Collège Bruyère,
Ottawa, 2 février 1968

Chère ancienne du Bruyère,

Le journal ou le télé-journal vous a appris, sans doute, la nouvelle de la fermeture du Collège en mai 1968. Toutes comprennent, je crois, qu'il s'agit d'une décision prise après mûre réflexion, dans le meilleur intérêt des étudiantes d'aujourd'hui et de demain.

Aucun sentiment de défaitisme n'a motivé notre décision, et rien ne nous oblige à fermer immédiatement. Nous avons présentement deux cent dix étudiantes et d'excellents professeurs qui travaillent auprès d'elles avec beaucoup d'enthousiasme. Notre groupe de collégiennes est vraiment de première qualité et nous les verrons partir avec émotion. Elles sont sérieuses à l'étude, très épanouies en tout temps, et elles nous disent avec une sincérité qui ne trompe pas, qu'elles sont déçues de ne pas terminer leur cours au Bruyère. Cependant, nous sommes sincèrement convaincues que les raisons de l'existence du Collège sont maintenant dépassées et que la formation culturelle et sociale des jeunes filles requiert un ensemble d'exigences que nous ne pouvons pas leur offrir avec nos moyens trop limités.

Le Collège Bruyère vivra toujours dans le cœur et l'esprit de celles qui y ont vécu des années heureuses et fructueuses. Il survivra par le rayonnement de ses mille deux cent cinquante anciennes, dont quatre cent vingt-neuf bachelières. Nous sommes fières de vous toutes, à qui nous devons la bonne renommée de notre institution. Nous vous remercions d'être ce que vous êtes. Fidèle à la devise du Bruyère, *Ardens et Lucens*, chacune de vous est une lampe «ardente et luisante», lampe qui irradie chaleur et lumière : chaleur de féminité épanouie et chaleur de charité chrétienne, lumière d'une culture bilingue et lumière d'une foi éclairée. À cause de vous et avec vous, nous avons la légitime fierté d'avoir contribué au progrès de l'influence de la femme dans la société canadienne et dans la communauté

152

humaine. C'est une page d'histoire qui tourne et c'est une belle page que nous avons écrite ensemble.

Ce n'est donc pas un adieu au passé mais un nouveau pas vers l'avenir qui s'effectue. C'est pourquoi j'ai pensé qu'un mot de nous vous ferait plaisir au moment où le Collège entre dans l'histoire. Je vous l'envoie avec mon plein cœur d'amitiés embaumées de fleurs de Bruyère.

Sœur Sainte-Madeleine, s.g.c.
directrice

Chapitre 6

Cours commercial

En quête d'excellence

Claudette Bois-Ryan

Secrétaires, commis, comptables, femmes d'affaires,
épouses, mères, religieuses, célibataires,
Administratrices, adjointes, cadres, bachelières,
enseignantes, vice-présidentes, entrepreneures,
Ainsi brillent nos mille splendeurs!

Un unique ruban de blanche lumière
Par un prisme aux facettes multiples et claires
éclate soudain en mille couleurs.
Ainsi, nos vies,
Traversées d'une éducation supérieure!

Pendant quarante-cinq années, les diplômées du
Couvent Rideau réalisent, au terme de leurs années
d'études secondaires commerciales, leur objectif le plus cher
et entrent sans tarder dans le monde des affaires à titre
de secrétaires, de dactylographes, de réceptionnistes, de
commis de bureau ou encore de commis-comptables. Un
pied dans la porte à 17 ans! Il faut acquérir de l'expérience
pour un jour accéder à des postes de plus grande
responsabilité.

155

Ainsi se déroule le premier scénario pour la plupart des diplômées. Qu'advient-il d'elles au cours des années? Certaines accèdent, de fait, à des postes administratifs très élevés en travaillant sans relâche. Les unes s'y consacrent avec joie, tandis que d'autres cumulent les rôles d'épouses, de mères et de femmes de carrière. La majorité des diplômées, par contre, interrompent leur carrière après quelques années de travail, pour se dévouer à leur jeune famille. Le monde des affaires ne perd cependant rien pour attendre, car après dix, quinze ou vingt ans, il peut accueillir une belle moisson de femmes mûres dont les compétences sûres sont toujours en demande. En fait, le marché du travail est toujours prêt à recevoir du personnel de bureau bilingue du plus haut calibre.

Tout au long de ces années de travail, à la maison ou au bureau, plusieurs diplômées du Couvent Rideau poursuivent des études de spécialisation en comptabilité ou en administration, ou encore dans des domaines reliés à la langue tels que la traduction ou la littérature. Une petite minorité se joint, par contre, aux rangs de ses religieuses enseignantes. De celles-là, certaines poursuivent des études classiques et universitaires, pour éventuellement enseigner à leur tour les matières commerciales auxquelles elles avaient été initiées sur les bancs d'école, tandis que d'autres deviennent des administratrices incomparables.

Ainsi, de jeunes vies sont touchées, enrichies par l'éducation de qualité incontestablement supérieure qui leur est dispensée par les «Sœurs» alors appelées «Mères»; et voilà qu'elles prennent, au mitan de leur vie, d'étonnantes couleurs!

Matin de nos vies

Retournons au matin de nos vies. Rappelons-nous ce que nous vivions et ressentions. La fierté n'était-elle pas alors notre sentiment dominant? La fierté d'être élèves d'une institution qui nous encourageait à l'excellence et au dépassement constant. D'anciennes diplômées parlent de stimulation et d'émulation, d'autres, d'exigences scolaires des plus élevées. Le mot de passe était sans contredit l'excellence. Et nous en étions fières, même si cette excellence sous-entendait un travail constant et ardu. Car, vous vous en souvenez? pour obtenir le diplôme commercial bilingue, il fallait tout réussir, en français et en anglais, avec des notes très hautes telles que 90 % en dactylographie, 80 % en sténographie. Tous les cours étaient obligatoires et la note de succès exigée tout aussi élevée en comptabilité, en français des affaires, en *Business English*, en mathématiques et en droit commercial. Il est donc peu surprenant que les employeurs aient tant convoité les diplômées du Rideau!

Nous étions jeunes et ne savions pas toujours à quel point notre formation humaine et professionnelle était en demande chez les employeurs. On l'entendait, les religieuses nous le disaient, mais (avions-nous appris d'elles une telle humilité?) nous ne nous en glorifiions pas outre mesure. Soulignons à nouveau la fierté éprouvée à la pensée que les gens d'affaires venaient au Couvent recruter leurs futures employées. Dès septembre, les professeurs du cours commercial recevaient des appels d'employeurs s'enquérant du nombre de diplômées à venir cette année-là. Ils demandaient dès lors que leur nom soit retenu comme employeur éventuel. Combien de fois aussi les religieuses enseignantes ou la directrice du Couvent ont-elles entendu, venant de la direction d'importantes entreprises : «Vos huit ou douze élèves ont toutes réussi nos examens haut la main. Nous désirons les embaucher. En avez-vous d'autres?» Ou encore, ces examens se passant en début de printemps, les employeurs voulaient engager sur-le-champ! Il fallait être ferme et maintenir que l'année d'études ne se terminait qu'en juin afin d'assurer l'obtention du diplôme d'immatriculation à chacune des jeunes filles. Des diplômées elles-mêmes rapportent que le seul fait de fréquenter le cours commercial du Couvent Rideau leur servait de référence suffisante pour être embauchées!

Quel était donc ce cours dont la seule mention pavait d'or la voie qui menait de l'école à l'emploi? À quels préceptes obéissaient ses instigatrices? Quelle est la personne qui l'a fondé, quand, et dans quelles conditions? Et enfin, qui a fait équipe avec cette pionnière?

Lorsque Mère Élisabeth Bruyère accepte de fonder une maison d'enseignement, un Pensionnat à Bytown en 1849, les religieuses s'engagent sur la route de l'éducation et marchent d'un pas ferme, le regard vers l'avant. Elles resteront toujours à l'affût des besoins de la société et des changements qu'elle subit au fil des ans.

Ainsi, après avoir fondé un pensionnat, un cours primaire, un cours secondaire et, en 1928, une cinquième année de cours secondaire (aujourd'hui 13e année), les religieuses reconnaissent «le malaise économique... qui oriente de nombreuses jeunes filles vers le gagne-pain... dans le travail de bureau[1].» Elles agissent donc vite pour assurer aux jeunes filles la possibilité d'une formation commerciale complète après leur 10e année. Certaines matières commerciales faisaient partie du curriculum depuis 1925, mais il fallait plus et mieux! Le mérite des religieuses réside dans le fait qu'elles ont reconnu les changements dans la situation économique et qu'elles ont mis tout en œuvre pour offrir les ressources correspondant à cette réalité. Et quelles ressources! Rien ne fut ménagé pour assurer la création d'un cours commercial des plus complets et du plus haut calibre possible.

Sœur Sainte-Célestine

C'est ainsi que sœur Sainte-Célestine s'en fut à Halifax parfaire ses connaissances commerciales chez les Sœurs de la Charité, dans une institution nommée Mount St. Vincent, «dont la renommée avait de beaucoup dépassé les frontières de la Nouvelle-Écosse.» Sœur Sainte-Célestine en est revenue «détentrice de médailles d'excellence en économie politique, en géographie commerciale et psychologie commerciale[2]».

Sœur Sainte-Célestine, s.c.o.
Elle fonda le cours commercial
en 1931

Sœur Sainte-Célestine met donc sur pied, en 1931, «des classes de correspondance commerciale, de géographie commerciale, de classement et de travail général de bureau[4]». Professeur de grande qualité qui connaissait son métier à fond, elle agissait, selon une ancienne élève, comme une «main de fer dans un gant de velours», exerçant en tout temps une douce fermeté. On dit aussi «qu'elle était une éducatrice qui savait discerner les talents de chacune et qui tenait compte de l'individu».

Elle œuvre ainsi auprès des jeunes filles du cours commercial pendant dix-huit ans. Ses collègues et ses

Sœur Gérard-de-Marie, s.c.o.
et
les futures secrétaires

élèves n'en parlent qu'en termes des plus élogieux. Elles la qualifient de véritable trésor, de femme formidable, qui a profondément marqué le cours commercial. C'est la santé qui a flanché en 1949 et qui a obligé sœur Sainte-Célestine à prendre un an de repos. Elle ne revint jamais à l'enseignement, car par la suite, elle assuma un poste de supérieure provinciale aux États-Unis. Immense perte pour le cours commercial et pour son amie et collègue, sœur Gérard-de-Marie (sœur Léona Parent)!

Sœur Gérard-de-Marie

Ces deux religieuses étaient collègues depuis six ans quand la maladie frappa sœur Sainte-Célestine. Elles avaient étudié ensemble pendant l'été 1943, à Chicago. Par la suite, sœur Gérard-de-Marie s'était jointe à sœur Sainte-Célestine dans l'enseignement commercial au Couvent Rideau après avoir enseigné ces mêmes matières au Couvent d'Aylmer. Les deux collègues se complétaient à merveille et travaillaient très bien ensemble, au dire de leurs consœurs. Elles sont reconnues pour avoir donné tout ce qu'elles pouvaient à leurs élèves.

Sœur Gérard-de-Marie est encore pleine d'énergie, vibrante et fière de sa contribution à nos vies de jeunes filles en pleine formation. «Ce qui me faisait vivre, mentionne-t-elle, c'était la renommée du cours commercial, les compliments des employeurs et le grand succès des élèves.» Elle se souvient encore des innombrables et constantes demandes des employeurs pour ses diplômées, dont ils louaient la très haute qualité du français et de l'anglais écrits, le travail soigné, le sérieux, la discipline et le savoir-faire. Ses «filles» étaient prêtes à affronter le monde du travail et elle en était fière. «Vous étiez donc sévère!», lui disent encore des anciennes qu'elle revoit. Sa réponse est claire, toujours la même : «Je ne cherchais pas à être populaire. Je travaillais pour vous. Je voulais que vous réussissiez et que vous obteniez de bons emplois.»

L'objectif était clair et les moyens excellents : comment ne pas réussir? «Les résultats étaient stables : toujours très bons! c'était grâce à mon bûchage!» dit-elle en riant. Et elle se rappelle la gamme variée d'examens de l'extérieur qu'elle faisait subir à ses étudiantes afin de leur donner la meilleure préparation possible aux examens du gouvernement et des employeurs. Cette formule donnait des résultats puisque les diplômées réussissaient partout!

La réputation de sœur Gérard-de-Marie se perpétue. Une ancienne élève devenue employeur rencontre continuellement des femmes ayant été formées par sœur Gérard-de-Marie. «On dirait qu'elle a enseigné à tout le monde, dit-elle. Elle avait un charisme bien spécial puisque toutes ces femmes que je rencontre parlent encore d'elle, après tant d'années.»

Sœur Marie-Guillaume

Si sœur Sainte-Célestine et sœur Gérard-de-Marie nous ont beaucoup aimées, que dire de notre chère sœur

Sœur Marie-Guillaume

Marie-Guillaume qui est morte dans le feu de l'action? La veille de son décès, elle avait dicté à ses élèves de 11e année un texte sur la mort. Pressentait-elle que cette nuit serait sa dernière sur terre? «Femme joyeuse, compagne aimée de toutes, professeur émérite dont l'enseignement était solide, éducatrice attentive à ses élèves et aimée d'elles», voilà quelques témoignages recueillis à l'égard de sœur Marie-Guillaume. Un exemple concret de son intérêt et de son dévouement est l'aide supplémentaire et volontaire qu'elle accorda à une jeune Américaine. Cette dernière eut droit, tous les samedis matins jusqu'au triste samedi de la mort de son professeur, à une heure de français à titre de leçon privée. Ainsi s'explique le désespoir qui s'empara de ses élèves lorsque celles-ci apprirent la triste nouvelle. Incrédulité, détresse, chagrin, comment réagir autrement face à un événement si inattendu et si désolant! Grippée depuis quinze jours, sœur Marie-Guillaume s'ennuyait de ses élèves et avait voulu les revoir ... une dernière fois?

C'était le premier vendredi du mois. Comme le voulait la coutume, après une pleine journée de cours, toute l'école se rendit à la chapelle, qui fut bientôt bondée. Chacune avait sa place. Au signal de la claquette de sœur Marie-Guillaume, la classe fit sa génuflexion et, silencieusement, prit place dans les bancs. Malgré sa grande fatigue, sœur Marie-Guillaume assista à la messe jusqu'au bout, derrière ses quarante-cinq «brebis» à la tête couverte d'un béret ou, faute de mieux, d'un mouchoir de papier. Ce soir-là, après le souper, sœur Marie-Guillaume corrigea jusqu'à la dernière copie des examens de sténographie de ses élèves. Elle est décédée le samedi 8 novembre 1958, à peine âgée de 37 ans. Toutes l'ont pleurée. «Le royaume de Dieu est au-dedans de nous», se plaisait-elle souvent à dire en classe de catéchisme. Quatre des élèves de cette classe ont suivi l'appel de la vie religieuse après l'obtention de leur diplôme.

Avec le départ de sœur Marie-Guillaume est disparu le cours anglais du Couvent Rideau, car c'est le professeur responsable de ce cours qui prit la relève de la 11ᵉ année commerciale. Les élèves anglophones furent donc dispersées dans des pensionnats de langue anglaise dans les semaines qui suivirent la mort de sœur Marie-Guillaume. Double deuil. Double chagrin.

C'est donc sur l'excellence même que fut fondé officiellement, en 1931, le cours commercial du Couvent Rideau. Quand la base est solide, tout l'édifice l'est aussi.

Les professeurs ne semblaient jamais à court d'idées. Comment oublier cette religieuse qui, tout en enseignant le français des affaires, matière aride en soi, y insuffla une note de culture en incorporant au curriculum l'étude d'une pièce de théâtre? Et cette autre encore, qui faisait le moulin à vent devant la classe pour mieux faire saisir les concepts de débit et de crédit! Quoique la matière ait été nouvelle pour elle, éducatrice-née, elle sut faire profiter au maximum le capital de ses élèves. Le bilan final de cette année-là démontra un impressionnant solde créditeur! L'une d'entre elles a même appris l'espagnol dans le seul but d'aider les étudiantes d'Amérique latine avec leur sténographie anglaise et française. Quelle initiative! Ces jeunes filles, issues pour la plupart de milieux diplomatiques ou d'affaires, ne parlaient que l'espagnol lorsqu'elles entraient au Couvent. (Leurs éducatrices et compagnes se souviendront de la communication ardue par le truchement de dictionnaires anglais-espagnol!) Elles venaient y apprendre la langue anglaise et se former au monde des affaires. Elles s'en retournaient, trois ou quatre années plus tard, leur mission accomplie! Et, par surcroît, grâce au caractère bilingue de l'institution, elles avaient appris une troisième langue, le français. L'on comprend donc aisément la très haute réputation dont jouissait le cours commercial du Couvent Rideau dans les pays d'Amérique latine.

Et ces nombreuses Québécoises, venues au Rideau, et au cours commercial en particulier, pour l'apprentissage de la langue anglaise! Pour ces néophytes, la langue de Shakespeare a pu, à certains moments, se poser en pierre d'achoppement, mais qui d'entre elles n'aura pu la qualifier de pierre d'angle au moins une fois dans sa vie? Par ailleurs, des Américaines y venaient pour apprendre ou parfaire leur français. Un milieu si cosmopolite, véritable mosaïque à la mesure d'une institution et d'un pays bilingues et multiculturels, ne pouvait que favoriser l'ouverture d'esprit.

Pour le bilinguisme, nous devons un fier merci à la fondatrice du cours, qui a eu la vision d'y intégrer cette composante, essentielle pour les élèves et vitale pour le cours. Cette formation dans les deux langues officielles a rendu notre formation rentable à travers tout le continent!

Comment ne pas mentionner le Cercle commercial missionnaire Rideau, si actif sous la direction de sœur Sainte-Célestine et si présent à la mémoire de nombreuses diplômées! Ce Cercle, réservé aux étudiantes du cours commercial, pouvait se vanter d'avoir de nombreux membres et de s'adonner à des activités multiples et constantes pour recueillir des fonds pour les missions.

Tant de choses resteraient à dire sur notre cher cours commercial! Pas surprenant de constater le succès continu et de plus en plus reconnu du cours et de ses élèves. Rappelons le beau succès de l'équipe de cinq élèves qui, en 1940, se rendent à Toronto pour participer au concours national de sténographie Gregg. Seule équipe bilingue parmi les nombreuses concurrentes venues de toutes les provinces, la nôtre remporte le grand trophée; quatre élèves remportent aussi des trophées individuels[3]. *Le Droit* du 21 juin 1941 cite les noms des diplômées ayant obtenu la mention Excellence dans les Concours bilingues canadiens de sténographie et de dactylographie. Il cite encore d'autres noms pour une mention Excellence en dessin artistique au Concours international artistique de dactylographie. Cette tradition d'excellence s'est maintenue tout au long des années, et le cours commercial du Couvent Rideau s'est sans cesse mérité les premières places dans les concours de compétences commerciales tant en

Ontario qu'au Québec. Malheureusement, après 1943, *Le Droit* semble être silencieux sur les exploits de ce genre. Il faut donc laisser à chacune le plaisir de se remémorer les hauts faits et les succès qui vinrent couronner les efforts des professeurs et des élèves des années subséquentes.

Au printemps 1987, quatre anciennes se rencontraient pour un repas de retrouvailles. Elles se sont rendu compte à un moment donné, et tout à leur émerveillement, qu'elles se trouvaient assises là-même où plus de vingt-cinq ans auparavant, elles avaient été étudiantes en 11e année commerciale, soit à l'angle des rues Rideau et Waller. Silence. Émotions. Souvenirs.

Pendant les études, des amitiés se sont formées et des carrières se sont forgées. Parfois des familles entières ont reçu leur formation au cours commercial ou encore, des générations s'y sont succédé. Un cas est frappant : celui de trois sœurs, toutes trois diplômées du cours commercial. Elles parlent avec enthousiasme de la formation reçue. Elles valorisent surtout les méthodes de travail acquises. Elles avouent avoir appris à être disciplinées, à établir leurs priorités, et à planifier leur travail. Tout au long de leurs carrières respectives, qui s'échelonnent du secrétariat à l'administration, elles ont pu reconnaître les diplômées du Rideau à ce trait caractéristique d'un travail bien pensé et bien fait. «On travaille de la même manière, disaient-elles à une compagne. As-tu étudié au Rideau?» Et comment décrivent-elles la formation reçue? Extraordinaire!

Une des dernières diplômées résume bien tout le profit que nous avons pu retirer du cours commercial du Couvent Rideau. Elle dit que tout ce qu'elle a appris pendant ses années d'études lui a servi au travail et dans la vie. Elle qualifie de supérieure l'éducation dispensée au Couvent et se considérait prête à affronter la vie et le monde du travail en quittant l'école secondaire. Mais, en réalité, ayant été «stimulée à vouloir apprendre toujours plus», elle n'a jamais tout à fait quitté les études. Elle a toujours suivi des cours et cherché à apprendre, car on lui avait transmis le goût et fait voir la valeur «d'apprendre par soi-même». Ne vaut-il pas mieux, de fait, apprendre à quelqu'un à pêcher plutôt que de lui donner du poisson pour le nourrir?

Un merci sincère à nos religieuses enseignantes, ces femmes modernes, toujours à l'affût des besoins sociaux et économiques si changeants. De 1925 à 1971, elles ont préparé selon leur propre vision, avec ardeur, amour et compétence, quelque 1 200 jeunes filles à gagner leur vie dans le travail de bureau et à s'intégrer dans la société et dans l'Église. Nous, anciennes élèves, gardons de ces années d'excellents et chaleureux souvenirs!

Chapitre 7

Les arts au Couvent et au Collège

Langage de l'âme

Pour Mère Élisabeth Bruyère et ses compagnes fondatrices du Couvent Rideau, l'éducation de la jeune fille dépassait les cadres d'un simple programme d'études. Dès le début, les cours au programme incluaient l'enseignement des arts : musique, peinture, chant et art dramatique. Au-delà de l'enseignement pur et simple de matières scolaires, l'art était perçu non pas comme un accessoire d'ornement et d'agrément, mais comme un élément essentiel à l'épanouissement de toute personnalité, et comme véhicule de valeurs et d'idéal humain et chrétien qui enrichiraient non seulement l'individu mais la société.

Parce que l'art est le langage de l'âme, de ses émotions, de ses pensées, exprimé soit par l'image, soit par le son ou le geste, les religieuses se sont appliquées, dès le niveau primaire, à fournir à leurs élèves des moyens d'expression comme le dessin, des chansons mimées, des rondes cadencées et des saynètes. Qui ne se souvient de ces ravissants concerts et de ces expositions de dessins d'enfants? Autant d'occasions, pour les éducatrices averties et les parents, de déceler chez les jeunes des dispo-

169

sitions naturelles pour la musique, le chant, le théâtre ou la peinture, formation artistique que les élèves pouvaient recevoir au Couvent même, dans l'une ou l'autre de ces disciplines.

On ne saurait trop souligner la valeur éducative et l'enrichissement que pouvait constituer pour les élèves, à quelque niveau de scolarité que ce soit, cette interpénétration de la formation scolaire avec celle des différents arts. Les représentations théâtrales, les concerts, les séances solennelles de fin d'année appelaient une intégration dynamique de l'expression individuelle ou de groupe, et la participation ou la fusion de plusieurs arts : tous les facteurs d'éveil à la beauté, à l'harmonie et à la poésie. Autant d'expériences qui s'inscrivaient de façon indélébile dans l'esprit et la sensibilité des étudiantes, et qui, chez quelques-unes, constituaient une orientation vers une carrière artistique dans un domaine particulier.

L'importance que les religieuses accordaient à l'art dans la formation générale se traduisit également par l'inclusion au programme du baccalauréat d'un cours sur l'esthétique comme science et philosophie. Cette discipline, qu'on nomma plus tard «cours d'appréciation de l'art» permettait l'obtention de crédits universitaires.

De ces considérations générales sur l'art, comme partie de la formation globale, il sera question dans les sections subséquentes, où l'on trouvera des renseignements particuliers sur chacun des arts enseignés : la musique, la peinture, le chant et l'art dramatique.

L'art musical au Couvent de la rue Rideau et au Collège Bruyère

D'une note à l'autre

Rita Cadieux

Pouvons-nous concevoir la vie sans la musique? Les Sœurs de la Charité d'Ottawa ont compris que pour assurer une formation de qualité aux élèves qui leur étaient confiées, il fallait qu'il y ait enseignement de la musique et du chant au Couvent Rideau. Ces deux disciplines ont particulièrement été à l'honneur dès les premières années.

La salle de spectacle, conçue avec des propriétés acoustiques exceptionnelles, était munie de deux magnifiques pianos de concert. De nombreux professeurs de la ville louaient cette salle pour donner l'occasion à leurs élèves de se produire en public. Selon les journaux, tant de langue anglaise que de langue française de l'époque, on se serait cru à la Place des Arts de Montréal ou au Centre national des Arts d'Ottawa. En effet, les différents critiques musicaux faisaient l'éloge de la salle de spectacle et surtout, on y soulignait la qualité, le charme et la distinction de ces récitals.

171

Le 23 décembre 1872, après une réception en l'honneur du gouverneur général Lord Dufferin et de son épouse, on pouvait lire dans le journal :

Leurs Excellences furent conduites à la grande salle de réception. La salle, qui est la plus belle d'Ottawa, présentait un beau coup d'œil et était décorée avec beaucoup de goût ... mais la plus belle parure, celle qui frappait davantage, c'étaient ces nombreuses et longues files d'élèves, dont on remarquait la bonne tenue ainsi que l'élégance et la richesse de la toilette de celles qui devaient figurer dans cette séance qui fut très brillante et dont Leurs Excellences ont dû, comme elles l'ont en effet exprimé, apporter la plus favorable impression.

Fondation solide

Dès le début de l'institution, l'enseignement de la musique fut établi sur des bases solides sous la direction d'un professeur de renom : monsieur Gustave Smith qui, d'après l'*Encyclopédie de la musique au Canada*, apparaît comme l'un des pionniers aux talents variés les plus intéressants de la seconde moitié du XIXe siècle.

Comme le piano, les instruments à cordes, tels la harpe et la mandoline, étaient très populaires à cette époque. Sœur Aloysia et sœur Madeleine-de-Pazzi, qui étaient du nombre des élèves de ce grand maître, ont souvent parlé des grandioses célébrations auxquelles elles avaient pris part.

Le professeur de violon et de violoncelle, monsieur Robert Tassé, qui a enseigné ces instruments pendant au-delà de 50 ans au Couvent Rideau, a apporté une contribution appréciable au développement de la musique, comme professeur et comme exécutant avec ses élèves, pour rehausser l'éclat des fêtes de fin d'année ou des réceptions de toutes sortes si en vogue à cette époque.

Le quotidien *Le Droit* rapporte, le 16 octobre 1919 :

Les élèves appliquées à l'étude de la musique dans cette institution, y puisent l'amour des vraies harmonies, y développent leur talent naturel et y perfectionnent leurs aspirations vers le beau artistique. Dès 1875, des professeurs éminents, Gustave Smith de Paris, par exemple, étaient émerveillés de tels élèves. Un autre diplômé du Conservatoire de Leipzig croyait entendre des échos d'Allemagne. Le Révérend Père Balland, o.m.i., venait réentendre avec plaisir, «Le Carnaval Romain», que Paris ne lui avait pas mieux fait goûter[1].

L'institution ouvrait toutes grandes ses portes pour favoriser les activités musicales tant à l'intérieur qu'à l'extérieur de ses murs. Les élèves comme les professeurs pouvaient bénéficier de concerts privilégiés donnés par des artistes de renom. Certains se rappelleront sûrement de la venue, en 1939, du célèbre violoniste Gilles Lefebvre, fondateur et directeur des Jeunesses musicales du Canada et maintenant directeur général des relations culturelles internationales au ministère des Affaires extérieures du Canada. Il était alors accompagné d'un jeune réfugié polonais qui est devenu le violoniste de réputation internationale, Henryk Szeryng. Et imaginez le prix du billet : 25¢!

D'autre part, on incitait les élèves à suivre l'évolution de la musique dans le milieu artistique d'Ottawa. Pour ce faire, on les invitait à assister aux différents concerts donnés par les Jeunesses musicales ou les Concerts Tremblay, événements musicaux particulièrement appréciés à l'époque.

Sur cette lancée, plusieurs élèves du Collège Bruyère demandèrent en 1962 que des cours d'appréciation musicale leur soient dispensés. Désireuse d'encourager de telles initiatives, la direction retint les services de madame Geneviève Piot, diplômée du Conservatoire de musique du Maroc et professeur à l'Université d'Ottawa. Celle-ci établit le plan de cours, mais malheureusement elle ne put poursuivre pour des raisons de santé. Devant la situation, sœur Marie-de-Magdala dut assurer la relève.

Sœur Marie-de-Magdala, s.c.o.
(Madeleine Landreville)
professeur de piano au Couvent de la rue Rideau
1935-1952
1957-1970

174

En plus de la théorie et de l'évolution de la musique à travers les âges, ces cours comprenaient des auditions commentées d'œuvres de différents styles et époques. Ces auditions s'effectuaient à l'aide de disques et, à l'occasion, sœur Marie-de-Magdala exécutait elle-même au piano les œuvres de différents compositeurs étudiés, Bach, Beethoven, Brahms, Chopin, Debussy, Handel, Haydn, Mozart, Ravel, Schuman, Tchaikowsky, etc.

Plusieurs se souviendront de notre chère sœur Marie-de-Magdala (Madeleine Landreville) dont le professionalisme était marqué par une patience à toute épreuve. Elle a passé trente ans de sa vie au Couvent Rideau, à toucher l'orgue de façon régulière et à enseigner le piano, et elle fut responsable du département de musique. Le souvenir de son dynamisme et de son amour de la musique, qu'elle savait si bien communiquer, demeurera pour toujours gravé dans la mémoire de ceux et celles qui ont eu le bonheur de la connaître.

Sans être une école de musique spécialisée, le Couvent et le Collège comptent, parmi leurs anciennes élèves, plusieurs célébrités dans le domaine musical. (Nous n'en nommerons aucune, de peur d'en oublier.) Ce n'est peut-être pas là que ces dernières ont approfondi leur formation de concertistes, mais nous croyons pouvoir affirmer sans risque de nous tromper que l'institution a su leur donner la formation de base et le goût de faire carrière. Ajoutons cependant qu'il n'est pas nécessaire d'être des professionnelles pour apprécier les bons moments que nous a fait vivre le département de musique du Couvent Rideau.

Le chant

Là où il y a de la musique, il y a du chant — les deux sont inséparables! Mais pour ce qui est du chant proprement dit, nous n'avons qu'à consulter les «Annales» de la Communauté pour nous rendre compte des efforts consentis pour faire valoir cet art si merveilleux. Des pièces étaient composées pour des occasions particulières. Entre autres exemples, on peut lire dans un article d'un quotidien, en février 1878, intitulé «Visite royale au Couvent de la rue Rideau» :

> Après quelques morceaux de chant, quelques élèves donnèrent une gentille petite opérette intitulée : «L'hommage des fleurs», composée expressément pour la circonstance.

Le 24 juin 1888 fut un jour mémorable pour le Couvent, car on y bénissait la chapelle, aujourd'hui pièce de musée. À cette occasion, les élèves et leurs professeurs fêtèrent l'événement en donnant un véritable concert de musique sacrée. Les journalistes qui assistèrent à cette messe d'inauguration ne tarirent pas d'éloges. Citons entre autre un extrait d'un article paru le lendemain de cette journée inoubliable :

> Nous ne pouvons oublier la portion musicale de cette belle journée. Le «Kyrie», le «Gloria», le «Credo» et d'autres morceaux ont été exécutés avec une précision qui fait honneur aux élèves et aux maîtresses de l'institut. Quelqu'un nous disait à l'oreille : d'où vient que les voix des jeunes filles sont si souples et si développées? Il semble que ce sont des artistes d'opéra. Toutes, cependant, ou à peu près, sont des élèves actuelles de l'établissement. La réponse est assez simple : les maîtresses connaissent l'art de l'enseignement. Et de fait, celles qui dirigent le chœur n'en sont pas à leur coup d'essai.

L'institution ne négligea rien pour conserver et même améliorer sa réputation dans le domaine de l'art vocal. De 1928 jusqu'à sa fermeture en 1971, particulièrement, le Couvent Rideau a retenu les services de professeurs de chant toutes aussi talentueuses les unes que les autres. Pour en nommer quelques-unes, parlons d'abord de madame Alice Valiquet.

Ancienne élève du Couvent, Alice Valiquet, douée d'une très belle voix, après une solide formation en art vocal, dont une année à l'école de musique de Fontainebleau, en France (1927), était embauchée par les religieuses pour dispenser l'enseignement du chant, tant aux

Mademoiselle Alice Valiquet
professeur de chant

élèves externes qu'aux pensionnaires. Celles-ci reçurent gratuitement des exercices de vocalisation et de chant d'ensemble.

Sans compter les nombreuses fêtes au Couvent où, très active, elle chantait et faisait chanter, Alice Valiquet participa pendant longtemps aux divers concerts du dimanche soir au Château-Laurier et donna quelques récitals à l'Alliance française à Ottawa. Tous les ans, et ce jusqu'en 1944, cette grande dame monta un récital avec ses élèves à la Salle du Musée de l'Université d'Ottawa.

Dès qu'une voix remarquable était décelée, les religieuses orientaient l'élève vers le studio de madame Valiquet pour y suivre des cours privés. Certaines, qui avaient plus ou moins le goût d'ajouter à leur lot d'études, se rappelleront Alice disant : «Allons, ma petite, ce n'est pas tout d'avoir une jolie voix, encore faut-il travailler à la cultiver.» Et c'est ce qu'elle réussit avec quelques-unes qui ont fait carrière ou se sont signalées dans l'enseignement du chant.

Vint ensuite sœur Madeleine-du-Carmel (Georgette Garceau) qui fit sa marque de 1944 à 1961. Comme jeune religieuse, elle exerça ses premières armes au Couvent, de 1935 à 1937. D'abord professeur de piano, elle consacrait le reste de son temps à choisir les pièces pour les chorales qu'elle avait à diriger, selon le calendrier des fêtes. Tantôt c'était l'ensemble des externes et des pensionnaires qui recevait Mère Générale ou Monseigneur ou qui célébrait la fin de l'année scolaire; il en fallait du tact, de la patience, du dévouement et de la compétence pour diriger un chœur de centaines d'élèves chantant à trois voix avec accompagnement musical ou *a capella*. Tantôt, c'était les pensionnaires qui, tous les samedis

Sœur Madeleine-du-Carmel, s.c.o.
professeur de chant au Couvent de la rue Rideau
1944-1961

178

matins, pratiquaient les chants pour la messe du dimanche et les différentes fêtes religieuses de l'année. Les pensionnaires se souviendront certainement de ce petit carton que l'élève désignée soulevait pour indiquer quel chant devait être exécuté; une fois entonné, sentant les filles en harmonie, sœur Madeleine, installée à l'arrière du groupe, chantait une deuxième voix, faisant ressortir la beauté de l'œuvre.

À son tour, pour répondre aux besoins des pensionnaires qui avaient du talent et qui aimaient particulièrement chanter, sœur Madeleine les regroupait pour former la «Schola». En plus de participer au choix du répertoire (Bach, Beaulieu, Bottell, Fauré, Gounod, Mozart, Mendelssohn, Poulenc, Puccini, Pergolesi, Purcell, Scarlatti, Schubert, Verdi, etc.), ce petit groupe jouissait du privilège d'exercices supplémentaires pour les fêtes spéciales qui les conduisaient à l'extérieur du couvent. Était-ce le chant ou l'occasion de sorties qui était le plus important? Ces deux aspects comptaient probablement, mais seules les anciennes qui y ont participé peuvent répondre à cette question!

Que c'était beau et que de souvenirs de ce milieu nous reviennent lorsque aujourd'hui on entend un chant grégorien!

Après le départ de sœur Madeleine-du-Carmel, Hélène Allard, étudiante au Collège Bruyère et émule de madame Valiquet, assuma la responsabilité de la formation en art vocal. Elle s'occupa autant du chant sacré que du chant profane. Madame Allard conduisit sa chorale d'élèves jusqu'au festival de musique où elle remporta, au printemps de 1968, dans la catégorie du chant religieux, le trophée de la meilleure chorale de la région d'Ottawa-Carleton.

Soucieuses de transmettre une éducation complète à leurs élèves, les religieuses visaient en même temps le beau et le grand dans leur philosophie de l'enseignement. Les succès remportés en sont témoins!

Étudiantes du XIXe ou du XXe siècle, laquelle d'entre nous ne garde de ces réminiscences une certaine nostalgie des années trop vite écoulées?

A *Musical Journey*

In the Garden of a Dream

Sister Kathleen Devlin, s.c.o.

Somewhere over the rainbow, skies are blue,
and the dreams that you dare to dream
really do come true.[2]

No vision of music can be complete unless it moves in *time*. When Mother Élisabeth Bruyère founded her first convent school in 1849, she knew that, sure as there is a song in the throat of every bird, there lives music in every human soul. Élisabeth Bruyère planted a seed that took root in the garden of her dream and blossomed into a vision of music that inspired generations to come.

In the germ, when the first trace of life begins to stir, music is the nurse of the soul; it murmurs in the ear, and the child sleeps; the tones are the world in which he lives[3]

Musical life began to grow. As the first sprout stretched out to the sun, *time* was set in motion and rhythm, melody, and harmony developed a life of their own.

Over the next 20 years, the school then known as Notre-Dame-du-Sacré-Cœur school on Water Street, established its leadership in musical education in the Congregation. Much of its influence was due to the dedication of Sister Marie-de-la-Nativité (Marguerite Guillel-

181

mine Laflamme). An exceptionally gifted teacher, she was entrusted by Mother Bruyère, to detect those young Sisters in whom she "perceived that the seed of this noble art had been more deeply implanted". They were to become the nucleus of this fine school of musical education. In the autumn of 1861 Sister Marie-de-la-Nativité accompanied Mother Bruyère to France where she absorbed all the musical knowledge possible. She returned to Ottawa the following year with an impressive collection of textbooks and sheet music of the masters.

In 1868, the music department took another important step forward when Mother Bruyère approached Le Chevalier Gustave Smith to teach music. This immensely talented teacher, composer, writer, painter and draftsman, who had emigrated from France in 1856, was the organist at Notre-Dame Cathedral for many years and taught music at the Grey Nun's convent. This musician's reputation did not take long to spread throughout the community. In December 1868, *Le Canada* reports :

> Music education in this convent is of superior quality. Gustave Smith has given new scope to this art of entertainment which is indispensable to a young person today. Music education here has been set on the same level as the schools of Europe, and due to the excellent teaching, many students already show great ability.[4]

Gustave Smith was the first in a succession of gifted musicians recruited as teachers by the Convent. In 1887, professor Herr Koeler, a graduate of the Leipzig Conservatory, began to teach the violin, and from 1899 to 1950, Mr. Albert Tassé, a dedicated and sincere friend of the convent, taught strings.

The Dream Becomes Reality

In the late summer of 1869, to the joy and excitement of its new family, the doors of Rideau Street Convent finally opened. Élisabeth Bruyère's dream was becoming reality.

Music is a prophecy of what life is to be; the rainbow of promise translated out of seeing into hearing.[5]

The reputation of the convent's music department was already established and for the next 100 years it played a prominent role in the musical life of Ottawa. From the very beginning, distinguished guests, conscious of the quality of music teaching, came to the convent for benefit concerts and musical evenings. The following are excerpts from the local newspapers :

October 1869. His Highness Prince Arthur and his party, Sir John-A. Macdonald and Sir Georges-Étienne Cartier.[6]

May 21, 1872. His Excellency, Lord and Lady Lisgar and their niece, Miss Dalton, who had been studying music and linguistics at Notre-Dame-du-Sacré-Cœur Convent since 1868. An overture on two pianos and a cabinet organ was played with good taste and talent.[7]

December 24, 1872 : As the Vice-regal party entered the room, six young ladies played a grand overture on three pianos. Twenty-four young ladies sang a chorus with admirable effect. There was a pretty operetta representing a meeting of fairies.[8]

A Time of Achievement

During the next ten years, musical education flourished at Rideau Street Convent and the Sisters took great pride in their achievement and celebrated the fact that the convent had become a focal point for music lovers. The newspaper reports on the musical activities of the convent are full of favorable comments :

February 26, 1878. The effect of Rossini's «Grand overture to William Tell» was perfectly splendid, as rendered by the combination of pianos and organ (by the students). The same might be said of Wagner's «Marche du Tamerlan» and Seybuck's «La prise d'armes». Mr. Gustave Smith composed the organ part expressly for the occasion. Among those present were Mrs. Mackenzie, Lady Macdonald, Mrs. Scott, ex-Mayor Waller and Mrs. Waller.[9]

September 2, 1878. The examination was excellent and agreed perfectly with the plan of musical instruction adopted

183

in the institution. Their teaching is characterized by severity, it cannot but impart the soundest principles of their art; they do not aim at a speedy progress alone, but at the assurance that their pupils received solid instruction drawn always from the study of the great masters.[10]

October 15, 1884. It has always been the custom, on the 15th of October each year, to celebrate the festival of St. Theresa, the patron saint after whom the popularly beloved Lady Superioress of the Institution, Sister Theresa, bears her name. The hand of the fair artist, as it touches the responsive chord of the harp, or wakes up the melody lying dormant in a Knabe or Estey, fairly thrills the listener with delight, and such occasions prove pleasant oases in the weary desert of everyday life. A *soirée musicale* was prepared by an array of artists. The singing of the convent choir in the Chapel on the occasion was particularly excellent, the sweet young voices of the students blending harmoniously.[11]

March 17, 1888. The feast of St. Patrick was more solemn than in the preceding years due to the fact that the doors of the new reception hall opened to the parents of the students and friends of this Institution. A grand concert was held to inaugurate the new hall (known as the Music Hall).[12]

June 25, 1888. This morning, his Grace Archbishop Duhamel formally consecrated the new chapel of the Rideau Street Convent. Miss Louisa Smith presided at the organ and the accompaniment to the vocalists was further assisted by Misses Rogers, on violin, professor H. Koehler, flute, and by two cornets. The musical portion of the service was charmingly rendered throughout instrumental, choral, duets, and solos. Miss Braniff sang the *Ave*.[13]

June 2, 1904. Professor Amédée Tremblay was the examiner for the Senior Piano students. He had a high commendation for the teaching methods used by the Sisters.[14]

June 3, 1921. Licentiate Diplomas were awarded by the Conservatoire national de musique du Canada to : Sister Marie-Stella, Reine Bérard, Yvonne Berthiaume.[15]

In 1913, the music department became affiliated with the Dominion College of Music, by 1917, with the Conservatoire national de musique du Canada, and in 1948, with l'Université Laval and the Royal Conservatory of Music of Toronto.

A Casavant organ was built especially for the chapel in 1914. Mr. Amédée Tremblay, organist at Notre-Dame cathedral from 1894 to 1928, gave the inaugural concert. Years later, Mr. Paul Larose, a renowned organist at Ottawa's l'Église du Sacré-Cœur, was the sole organ teacher at the convent until 1971, when the organ was moved to Mont-Saint-Joseph Convent on Maple Lane in Ottawa.

A Time of Harvest

The high standards set by the music department at Rideau Street Convent never diminished. For instance, from 1967 to 1971, there were still impressive youngsters with musical talents coming to the old building.

Danielle Presentey came when she was four years old. Recognized by adjudicators and examiners as an outstanding talent, she furthered her musical studies to the Associateship level in Piano Performance with the Royal Conservatory of Music of Toronto.

Rachelle Chiasson arrived at the age of 12. Within six years, she reached the Grade 10 level of the Royal Conservatory of Music of Toronto with the highest standing in Ottawa. Later, she graduated from Vincent d'Indy School of Music of Montreal.

Tracey Ann Finn began violin lessons when she was four. A year later, she stepped into the music department of Rideau Street Convent to study the art of piano playing. Later, she decided to complete her degree in violin at the Faculty of Music of the University of Toronto.

Deborah Felton travelled from Petawawa, Ontario, to the Convent for her music education. A Graduate of the Royal Conservatory of Music of Toronto in Piano Performance in 1974, she acquired the Teacher's Diploma in 1975 and was honoured with the highest standing in Ottawa in her category.

Katherine Inomata arrived in the Spring of 1970 and climbed a musical stairway to success. A First Class Honour standing was maintained from her first performance to the Graduate Diploma of the Royal Conservatory of Music of Toronto. Katherine is a graduate of the Faculty of Music of the University of Montreal with a Master's Degree in Piano Performance. She has performed at the Mozarteum Academy in Salzburg, Austria, as well as across Canada.

Katherine is keenly grateful for the ongoing musical education received at the Rideau Street Convent :

> Rideau Street Convent led me to a world of beautiful sounds and opened the door to an enriching and everlasting relationship with music.

Sœur Kathleen Devlin, c.s.o.
professeur de piano au Couvent de la rue Rideau
1956-1971

When my parents set me down on the doorstep of the Convent's gymnasium for a photo, they did not know I would be returning a few years later to begin my musical education. Good fortune must have been on my side when that was decided, because the quality of that education was, and still is of the highest standards.

My piano teacher Sister Kathleen Devlin has been an ongoing inspiration, guiding and supporting me from the very first unsure (and rather wobbly!) steps my fingers took, to more mature and polished performances in concerts and competitions. She has shown me that in pursuing a goal, good results come from love of one's work (i.e. enjoyment!), discipline, and patience. I have also learned that it is possible to stretch one's own limitations if one is not afraid to fall, continue to do one's best, and always strive for perfection.

I believe also that to actually be a teacher takes an even greater understanding. I hope that some day, I may offer that same superior quality of teaching.

Nicole Presentey entered the wonderful world of music at the age of four. In the Fall of 1967, she received a warm welcome at Rideau Street Convent. Her musicianship has been highly recognized in Canada and abroad. Nicole distinguished herself throughout her performances with a sense of interpretation, brilliance of technique, deep sensitivity, and an amazing command of the most difficult works. She has won countless top prizes and awards in regional, provincial, national and international competitions. Her performances have taken her to Italy, Yugoslavia, England, the United States and Canada.

Nicole remembers with heartfelt appreciation those happy days at the Rideau Street Convent when she was introduced to a new world of music :

The music department at Rideau Street Convent was my second home. I spent three nights and one day each week attending my piano lessons and eventually came to feel part of a very large and caring family.

My first full-length recital was held at Rideau Street Convent in 1969. Although I was just 10 years old, I shall not forget the overwhelmingly warm reception given by both the Sisters and the students. My favourite experiences include the old Steinway concert grand piano, still one of the most wonderful instruments I have performed on, and the lesson my teacher gave me on the organ at the Chapel. We were studying Bach. The sound of that instrument reverberating through my being opened a whole new dimension of music.

The best memory of all is my piano teacher, Sister Kathleen Devlin. Without her, I would not have had the opportunity to learn the language of my heart.

A Thriving Garden

Rideau Street Convent became a thriving garden of musical culture where hundreds of aspiring musicians of all ages, nationalities and creeds learned to grow and where standards of excellence were maintained for more than a century.

A lasting inspiration,
sanctified by reason,
blest by faith : what we have loved,
others will love,
and we will teach how.
            The Prelude
            — William Wordsworth

La peinture

Concours de maîtres

Gabrielle Bourque

Comme pour les autres domaines du savoir, les religieuses se sont assuré le concours de maîtres, soit en vue de la formation des religieuses préposées à l'enseignement des arts, soit pour prendre en charge les différents ateliers des écoles d'art.

Les archives du Couvent mentionnent que dès 1865, Mère Bruyère retenait les services de l'abbé Joseph Chabert pour former les religieuses qui avaient de réelles dispositions pour la peinture. Nouvellement arrivé d'Europe, l'abbé Chabert, diplômé de l'École des beaux-arts de Paris, possédait le don d'animer une leçon et de faire aimer la peinture. Dessinateur remarquable, communicateur infatigable, il multiplie cours et conférences, fonde à Montréal l'École des arts et manufactures, plus tard nommée École des arts et métiers, où furent formés bon nombre de jeunes artistes de l'époque, notamment Suzor-Côté et Franchère.

En 1870, Napoléon Bourassa remplace l'abbé Chabert auprès des religieuses. Ce n'est pas un artiste quelconque que ce gendre du grand Louis-Joseph Papineau. À la fois peintre et sculpteur, écrivain et architecte, il s'est dépensé généreusement tout au long de sa carrière

189

pour la promotion des arts au Canada. Après avoir étudié la peinture avec Théophile Hamel, à Montréal, Napoléon Bourassa séjourne près de quatre ans en Europe, principalement à Rome et à Florence, en observateur averti. Dès son retour au Canada, en 1856, il fait figure de maître. Avant tout peintre de murales d'églises, il attache beaucoup d'importance au dessin, à l'instar d'Ingres (1788-1867), peintre et dessinateur français dont il a admiré les œuvres en Europe. On observe d'ailleurs chez Bourassa un dessin impeccable, un modelé savant et une composition rigoureusement agencée.

Dans un compte rendu de fin d'année du Couvent, en juin 1878, il est fait mention d'une exposition de haute tenue de cahiers d'esquisses et de dessins, y compris de paysages faits au crayon par les élèves. On y fait l'éloge de la qualité évidente des méthodes d'enseignement. Même si le nom de Bourassa n'y est pas mentionné, on peut en conclure que son enseignement a porté fruit.

Henry Harold Vickers succède à Henri Bourassa. Né en Angleterre et diplômé de l'École des arts de Birmingham, il s'installe à Ottawa en 1882, enseigne la peinture à l'*Ottawa Normal School* et, plus tard, prend en charge l'atelier de peinture du Couvent. Excellent paysagiste, il affectionne les scènes pastorales, qu'il peint avec beaucoup de précision et un coloris riche et chaud. Les commentaires des journaux à sa mort, en 1918, déplorent la perte d'un homme de grande culture, qui a tant contribué à la vie artistique de la capitale. Dans l'*Ottawa Citizen* du 23 décembre 1918, on lit entre autres éloges : "From time to time, Mr. Vickers had many distinguished pupils in Ottawa and taught painting at the Rideau Street Convent for its past 21 years, where his loss will be keenly felt."

Après le départ de Mr. Vickers, l'atelier du Couvent a continué de fonctionner sous la direction de diverses personnes compétentes, jusqu'à l'arrivée de sœur Marie-Lucille, en 1929. Diplômée de l'École des beaux-arts

Sœur Marie-Lucille
(Marie-Reine Parenteau)
professeur de peinture au Couvent de la rue Rideau

de Montréal, elle a également étudié au *School of Art Institute* de Chicago, école de grande réputation mondiale pour l'étude des paysages et des modèles vivants.

Sœur Marie-Lucille, artiste inspirée, s'est avérée une pédagogue incomparable, sensible aux besoins de ses élèves. Très aimée, elle a enseigné la peinture aux enfants le jour, et le soir aux adultes. «La peinture enseignée au Couvent, selon sœur Marie-Lucille, prépare à tout. J'ai plusieurs élèves du soir qui sont maintenant dessinatrices de modes, une autre a fondé un salon d'art décoratif, mais ce qui est important surtout, les cours cultivent les talents des amateurs qui y trouvent un divertissement sain, leur procurant une belle satisfaction personnelle.» Une ancienne des cours du soir déclarait avec enthousiasme que sa formation artistique avait complètement changé sa vision de la nature. «La vue d'une simple fleur qui s'épanouit, la forme des arbres, le coloris, la lumière, tout me transporte, m'émeut. C'est un enrichissement personnel unique. Je vois, je perçois autrement.»

La définition de la peinture que sœur Marie-Lucille donnait à Marie Lessard, journaliste au quotidien *Le Droit*, aux débuts des années 1930, est assez révélatrice. «La peinture à l'huile est l'art de faire passer l'âme des choses par le pinceau. C'est dans ce sens que nous pouvons dire que cet art est vraiment de la poésie, de la littérature plastique, qui peut ennoblir et élever l'âme à la dignité de ses spectacles.»

En ce qui concerne l'atelier des arts visuels, il convient de souligner que, dès la création de l'institution, une grande importance était donnée à l'enseignement du dessin, qu'on considérait comme la base de toute formation dans les beaux-arts, mais cet enseignement comprenait le plus souvent des cours d'aquarelle, de fusain, de gouache, de pastel et de peinture à l'huile. On pratiquait également les arts décoratifs et l'artisanat, comme le cuir repoussé, la pyrogravure, la peinture sur porcelaine, la peinture à l'aiguille. Les expositions des travaux des élèves étaient des événements importants durant l'année scolaire. Ces expositions étaient couronnées par des mentions d'honneur et des remises de prix.

La diction et l'art dramatique au Couvent Rideau

Retour aux sources

Claire Faubert

Tenter de raconter brièvement ce que fut l'enseignement de la diction et de l'art dramatique tel qu'il se
pratiquait au Couvent de la rue Rideau est une entreprise
fort complexe si on regarde les 102 ans d'existence de cette
vénérable institution. Pour un historien du théâtre, il y
aurait là matière à un beau récit, où l'épopée se disputerait
la palme avec la tragédie classique, le mélodrame, l'allégorie et autres genres pratiqués dans l'auguste maison.
Pour une étudiante qui y fut de passage dans les années
1960, cela prend l'allure d'un retour aux sources, empreint
de nostalgie. J'y étais en tant qu'élève du secondaire et il
me faut maintenant fouiller dans ma mémoire pour remonter à ces années où je découvris le théâtre et sa magie.
Il m'en reste des images floues, des sons vagues et des
impressions indistinctes; mais il me reste aussi, et c'est là
l'essentiel, cette passion pour le théâtre que je développai
plus tard jusqu'à décider d'en faire une carrière.

Aussi, pour les besoins de ce chapitre, me suisje plongée avec curiosité et émotion dans les archives de
la Maison mère et j'ai retrouvé ici et là des comptes rendus

193

des soirées consacrées à cet art, la plupart du temps jumelé à l'art musical, des articles relatant les concours de diction ainsi que les noms des gagnantes et les prix qui leur étaient attribués et, à l'occasion, quelques critiques des spectacles d'envergure que donnèrent les «couventines» lors d'événements spéciaux. Mais voyons d'abord comment cet enseignement s'inscrivait dans la philosophie d'éducation de la fondatrice, Mère Élisabeth Bruyère.

Vision de Mère Bruyère

Au départ, il y avait, dans la vision de Mère Élisabeth Bruyère, une formule clé qui énonce bien toute la philosophie que la maison allait adopter et suivre pendant ces 102 ans, tout en l'adaptant aux changements de la société. Le but de l'œuvre d'éducation était de «former une élite féminine dont bénéficieraient l'Église, les foyers et le milieu social où ces jeunes filles, devenues femmes responsables, exerceraient une influence salutaire!» Ailleurs, on peut lire aussi : «À une époque où les femmes n'avaient accès qu'à une culture superficielle, Mère Bruyère préconise une éducation harmonieuse et complète de l'esprit et du cœur.» Cette formation complète de tout l'être allait donc comporter un volet culturel inséparable de la vie de tous les jours. La pratique de la diction et de l'art dramatique allait donc servir à l'édification de cette élite. Pour rayonner dans le monde, cette élite se devait d'avoir «une tête bien pleine», bien sûr, mais aussi «une tête bien faite» comme disait Rabelais. Et dans ce concept, il fallait sous-entendre une tête qui parle et qui parle bien.

Pour atteindre ce but, les religieuses avaient décidé d'embaucher des professeurs de diction qui allaient, de jour en jour et d'année en année, apporter aux écolières le vernis nécessaire à une formation complète, c'est-à-dire un beau langage bien articulé, et du même coup, leur apprendre à goûter aux joies de la déclamation en public, du port du costume théâtral, du trac surmonté devant l'auditoire et du triomphe au grand soir du récital. Il n'en fallait pas plus pour que, dans la tête de bien des jeunes filles, naisse tout à coup le désir d'aller plus loin, et peut-être de rêver à une carrière.

Témoignage d'une ancienne

Tout d'abord, il faut se rappeler qu'au fil de son évolution, le Couvent Rideau allait accueillir des petites filles dès la première année scolaire et leur offrir par la suite la possibilité de poursuivre leurs études secondaires et même universitaires, dans la même Alma Mater. Madame Yolande Bénard-Dompierre, qui a si gentiment accepté de me livrer quelques-uns de ses souvenirs d'école, fut l'une de ces privilégiées. Seize ans à fréquenter la même institution, à parfaire son éducation, laissent des traces. Quand elle évoque les cours de diction, elle se rappelle ces moments où, montée sur un praticable, elle récitait devant ses compagnes de classe tel ou tel poème : «Dès le bas âge, on nous apprenait à respecter les mots, la musicalité de la langue. Les bouches molles n'avaient pas droit de cité. On nous reprenait dès qu'il y avait une erreur. Ça nous enlevait toute timidité, car à cet âge, nous n'avions aucune crainte du ridicule.» Elle se remémore une consigne qu'elle a entendue à moultes reprises : «l'importance de durcir les commissures». Pour elle, si on accordait autant d'importance à la langue française, à la lecture à haute voix, c'était afin d'apprendre à la jeune fille à communiquer. Ne pas savoir s'exprimer correctement était considéré comme un handicap : comment faire valoir ses idées si on ne pouvait pas les exprimer clairement et agréablement?

Les professeurs

Aussi, les professeurs de diction qui se sont succédé, au fil des ans, témoignent d'un véritable souci d'excellence et d'authenticité de la part de la direction. Puisque les religieuses jugeaient ne pas avoir la formation nécessaire à l'enseignement d'une telle discipline, c'est à des laïques qu'elles confièrent la tâche d'enseigner la diction. On retrouve dans la liste des noms prestigieux comme celui de monsieur Paul Colonnier, premier professeur de diction au Pensionnat Notre-Dame-du-Sacré-Cœur, celui de mademoiselle Idola Saint-Jean, qui allait devenir une suffragette célèbre aux côtés de madame Thérèse Casgrain. Rappelons que mademoiselle Saint-Jean avait déjà publié, en 1927 : *«Morceaux à dire»* choisis par Idola Saint-Jean, professeur de diction française à Montréal. Ce précieux petit livre allait servir à plusieurs jeunes filles, pendant des générations. Elles y puiseraient des trésors de poésie déclamatoire qu'elles présenteraient à diverses occasions. Monsieur Jean Melançon fut également professeur de diction en même temps que mademoiselle Blanche Sabourin, qui détenait une licence en phonétique de l'Université de Paris. Dans une coupure de presse en date de 1928, voici ce qu'on relate :

> Son Honneur le juge Albert Constantineau présidera ce soir à l'audition de diction française au Pensionnat Notre-Dame-du-Sacré-Cœur, rue Rideau. La soirée promet d'être des plus intéressantes, tant par la démonstration très adéquate de l'excellente méthode du distingué professeur que par la variété et le choix des morceaux qui seront récités. Monsieur Melançon, dont le renom n'est plus à faire, et mademoiselle Blanche Sabourin, dont le beau talent est déjà bien connu dans la capitale, donneront chacun quelques morceaux de leur répertoire.

On retrouve également dans la liste des noms, celui de madame Laurette Larocque-Auger, connue plus tard sous son nom de plume, Jean Després. Lorsque celle-ci devient professeur au Couvent Rideau, elle fascine ses jeunes élèves. Fraîchement débarquée d'Europe, elle entreprend à Ottawa une double carrière de professeur et de metteur en scène. Ses cours de diction constituent pour les jeunes étudiantes une sorte de halte récréative : c'est le «sourire du couvent», une bouffée de fraîcheur, qui ne manque pas d'excentricité chaleureuse. «Il y avait toujours des chocolats sur le coin de son bureau», de raconter madame Bénard-Dompierre. Elle disait : «C'est pour vous

196

Madame Lucile Mayer
(Lucile Gagné)
professeur de diction au Couvent de la rue Rideau
1940-1944
1954-1958

mes petites.» Elle nous a toutes marquées. Plus tard, quand madame Lucile Gagné-Mayer, qui aura été une de ses meilleures élèves et la jeune première de plusieurs de ses spectacles, viendra à son tour enseigner la diction, à trois périodes différentes de sa vie, elle reconnaîtra l'influence déterminante de Laurette Larocque-Auger sur son choix de carrière. Jeune fille, Lucile Gagné, après l'obtention de son baccalauréat ès arts au Collège Bruyère, décide d'aller étudier à Paris. Elle aura comme professeur nul autre qu'un sociétaire de la Comédie-Française, Pierre Bertin, le célèbre comédien. N'eut été la seconde guerre

197

mondiale qui éclatait alors en Europe, Lucile Gagné m'a avoué qu'elle aurait aimé poursuivre ses études en théâtre et peut-être tenter de faire carrière là-bas. Mais il lui faut rentrer au pays et elle se dirige alors vers l'enseignement de la diction et la mise en scène de spectacles avec les étudiantes de nombreuses écoles où elle œuvre.

Mademoiselle Florence Castonguay
professeur de diction au Couvent de la rue Rideau

Puis vint mademoiselle Florence Castonguay, qui n'a nul besoin de présentation. Cette femme dynamique, qui exerça son métier de professeur, de comédienne, de metteur en scène et de directrice de troupe pendant de nombreuses années à Ottawa, a marqué de façon déterminante toute une génération. Lorsque j'arrivai au Couvent Rideau, en 1961, et que je rencontrai mademoiselle Castonguay, je fus éblouie : cette voix, cette diction, cette facilité d'élocution me fascinaient. J'arrivais de ma campagne natale, Orléans, dans cette grande maison d'éducation et, en plus d'y apprendre le latin, les lettres françaises et toutes les autres matières du curriculum, j'avais cette chance inouïe d'entendre une langue mélodieuse, parfaitement maîtrisée et de me coltiner à l'exercice de la déclamation de beaux poèmes. Cette heure hebdomadaire était pour moi une heure magique. Je crois bien que c'est là que j'y ai attrapé le virus du «jeu». Cette passion du théâtre, j'en étais peu consciente à l'époque, mais elle allait resurgir, se vivifier davantage. En effet, deux ans plus tard, madame Lucile Gagné-Mayer revint enseigner au Couvent et me fit jouer dans une de ses productions, *Les liens du passé*. Pour la première fois de ma vie, j'avais un vrai rôle dans une pièce. Cette pièce, nous l'avons jouée à la Salle académique de la rue Wilbrod, ce même lieu où aujourd'hui, quelque vingt ans plus tard, je monte à l'occasion des pièces avec mes étudiants du Département de théâtre de l'Université d'Ottawa. Si Mère Bruyère cherchait une continuité dans son œuvre d'éducation, je crois bien qu'il faut reconnaître ici qu'elle existe bel et bien.

Cette liste de professeurs n'est pas exhaustive, puisque des documents d'archives nous manquent pour faire un véritable travail de chronologie. Toutefois, ces noms suffisent à donner une idée de l'importance de la tâche et de l'ampleur du travail accompli par ces «spécialistes». Voyons maintenant en quoi consistait ce travail.

Les cours et les exercices publics

Il s'agissait de donner, à raison de quelques heures par semaine, les rudiments de la phonétique, les techniques d'articulation et de projection de la voix et, complément indispensable, de préparer les élèves aux exercices publics, aux concours de diction, ainsi qu'aux nombreux récitals qui se donnaient pendant l'année scolaire. Car il y avait à l'époque mille et une occasions de faire valoir le talent des jeunes écolières, de rendre compte de leur progrès et de les récompenser par des mentions honorables et des prix de toutes sortes. À l'intérieur des murs de l'auguste Couvent, les élèves des cours primaire, secondaire et universitaire donnaient un aperçu de ce qu'elles avaient appris en classe par des présentations individuelles ou de groupes. Le public de l'Outaouais était souvent convié à y assister et s'il venait en grand nombre, c'est que ces soirées constituaient pour la minorité francophone de la région une occasion de témoigner de sa solidarité et de son appréciation de l'excellent travail accompli par les éducatrices. Bien sûr, ces «séances littéraires» étaient aussi courues par un public fidèle de parents, d'amis, de membres d'associations culturelles et de curés de paroisses, de dignitaires de tout ordre (Monsieur l'Ambassadeur, le Gouverneur général du Canada, le Père recteur de l'Université d'Ottawa, etc.).

Ces soirées inoubliables

Quels étaient donc les programmes de ces soirées inoubliables? Une série de morceaux littéraires et musicaux, exécutés par les étudiantes et parfois même par leurs professeurs. Des œuvres de Schubert côtoyaient des poèmes de Hugo, de Sully Prud'homme, d'André Chénier, de La Fontaine. À l'occasion, il y avait des pièces inédites, des morceaux de circonstances que des religieuses ou d'autres auteurs écrivaient pour célébrer des événements spéciaux. Ainsi, le 20 novembre 1915, on assistait à une pièce intitulée *Mademoiselle de Verchères*. Voici ce qu'en dit la chronique du temps : «La beauté des paroles, la grandeur des sentiments et le dramatique des scènes ont été parfaitement rendus par les interprètes dont la diction claire et nette, le jeu naturel et simple étaient un plaisir pour les yeux et pour les oreilles.» On présentait également des extraits de pièces célèbres : *Athalie, Esther, Andromaque* ou encore *Polyeucte, Le Bourgeois Gentilhomme*, etc. Il faut dire qu'on y allait parfois d'adaptations de ces pièces célèbres qu'on remaniait, faute de comédiens masculins. Ainsi, *Le malade imaginaire* de Molière devient-il, sous la plume de monsieur Lemercier, *La malade imaginaire* et le personnage de Diafoirus devient alors Mistrell Drugg, doctoresse. Plus tard, on osera faire des travestissements. C'est ainsi que j'y ai joué Polyeucte drapée dans une très ample toge, avec barbe et moustaches dessinées au crayon noir.

Les coulisses du théâtre

Mais qui s'occupait d'habiller tout ce beau monde, de construire les décors et de fabriquer les accessoires? Bien souvent, les religieuses puisaient dans leurs coffres les trésors accumulés depuis bien des années ou encore, certaines mamans habiles en couture se chargeaient de fabriquer sur mesure les costumes de ces artistes en herbe. Les décors étaient réduits à leur strict minimum : quelques meubles, quelques rideaux et l'espace dramatique était créé. Quant aux accessoires, il fallait y aller de son imagination et, comme on dit, avec «les moyens du bord». Ainsi, pour faire des lances, on prenait des manches à balais dont on recouvrait le haut de carton découpé et qu'on patinait avec un peu de peinture. Madame Yolande Bénard-Dompierre rit de bon cœur en me rappelant certains incidents de parcours : une barbe décollait, une lance perdait son chef, mais rien n'empêchait le spectacle de continuer.

La presse témoigne

Lorsque certains journalistes viennent faire office de critiques, que ce soit messieurs Rudel Tessier, Jules Léger ou encore Guy Sylvestre, tous s'accordent à reconnaître le travail sérieux et dynamique de l'équipe des religieuses, des professeurs et des élèves. Ainsi en 1938, Rudel Tessier commente *La vierge à midi* de Paul Claudel en ces termes : «Les élèves qui ont dit des vers ont dans certains cas beaucoup de talent, mais ce n'est pas de cela que nous nous préoccupons. Les leçons de diction peuvent développer de jolis talents de société, mais elles doivent surtout apprendre à prononcer correctement le français.»

«Le cantique du gardeur»
Bergerie chorale en cinq épisodes,
par R.P. Gustave Lamarche, c.s.v.,
présenté par les étudiantes du Couvent de la rue Rideau et du Collège
Bruyère à l'occasion du jubilé épiscopal de Mgr Guillaume Forbes,
archevêque d'Ottawa, en 1938.

On ne peut passer sous silence un événement fort spectaculaire de l'époque, où les élèves les plus douées, entourées d'une foule de 187 figurantes, présentèrent le *Cantique du Gardeur*, «bergerie chorale du père Gustave Lamarche, écrite pour le jubilé épiscopal de monseigneur Forbes, archevêque d'Ottawa». Monsieur Jules Léger, alors journaliste au journal *Le Droit*, écrit en 1938 :

> Ce mélange de la fiction et du réalisme verbal conduit à des effets saisissants. Il faut louer le père Lamarche qui se fait au Canada le champion de l'art populaire : le spectateur doit prendre part au mouvement, s'incorporer à la vie des acteurs. Pour lui donner cette illusion, il l'entoure du chœur qui, communiquant directement et en même temps avec la scène et la salle, semble le porte-parole de cette dernière. Le travail accompli par les jeunes interprètes de cette pièce doit retenir notre attention : nous ne sommes pas ici pour décerner des médailles mais nous pouvons dire que toutes ont rempli leurs rôles de façon mieux que convenable. Les quelque 250 prélats et prêtres qui assistaient à cette soirée étaient venus de toutes les parties du pays.

De la grande visite

Il ne faudrait pas non plus oublier les visiteurs illustres que l'on recevait au Couvent Rideau. Ainsi, le poète national Louis Fréchette, de passage à Ottawa en 1887, rend visite aux religieuses du Couvent de la rue Rideau et récite à l'occasion quelques-uns de ses plus beaux poèmes. La critique du temps fut élogieuse : «Monsieur Fréchette ne déclame pas, il agit, il éprouve ce qu'il dit et l'auditoire ne fait qu'un avec lui tant que dure son récit; voilà non seulement le talent poétique pour décrire les sublimités, mais le talent dramatique pour les animer, les présenter toutes palpitantes d'actualité.» Presque 100 ans plus tard, la venue au Couvent des Tréteaux, venus de Paris jouer l'*Antigone* de Jean Anouilh sur le plateau de la grande salle de musique, créa l'événement. Nulle autre que la célèbre comédienne Danielle Delorme incarnait la jeune et courageuse rebelle et Jean Davy interprétait Créon. L'impact de cette représentation reste à jamais gravé dans ma mémoire. Nous voulions toutes être des héroïnes de la trempe d'Antigone, mais secrètement, je désirais tout autant «jouer» son rôle que vivre son drame, l'un et l'autre se confondant dans mon esprit juvénile.

Survivance de la langue

Bien sûr, avec le recul, nous ne pouvons pas répondre de la qualité esthétique, voire artistique, d'un produit exécuté par des amateurs, dans le plus beau sens du terme. Mais la question se situe ailleurs. Donner à des jeunes filles le goût de la langue bien parlée, de la belle diction, du respect de leur langue maternelle, et cela, dans un contexte de pratique quotidienne, et leur fournir l'occasion de présenter le fruit de leurs efforts devant parents et amis qui apprécient et partagent l'expérience, constitue sans doute une des clés de la survivance de la langue dans une capitale à majorité anglophone.

Lors d'un concours de diction, le jury, formé du père Joyal, o.m.i., de monsieur Roland McNicoll et de monsieur Jules Léger, insiste sur «la nécessité de ces cours de diction dans les maisons d'enseignement». Le père Joyal rappela que c'était le vœu du Comité permanent du congrès de la Langue française que chaque école soit dotée de telles études et qu'on vienne à en faire un cours obligatoire. Ce vœu pourrait sans doute faire réfléchir encore aujourd'hui ceux qui sont à la tête des conseils scolaires.

En guise de conclusion

Somme toute, il y avait au Couvent Rideau l'embryon d'une vie théâtrale très riche et la réception nombreuse et chaleureuse que ces soirées d'antan ont su se mériter témoigne de leur apport dynamique à la société francophone de l'Outaouais. Aujourd'hui encore, le rayonnement de la vision de Mère Élisabeth Bruyère est incontestable et si la nouvelle génération d'étudiantes croit avoir peu à envier à cette époque de l'uniforme obligatoire, du concours de français et des retraites annuelles, elle ne saurait croire combien bénéfique fut cet aspect essentiel d'une formation digne de ce nom : le respect et la fierté de la langue française. Aujourd'hui, la diction et la déclamation font bien piètres figures à côté des cours d'informatique et de génie atomique, mais en cette fin de siècle où la communication verbale est plus à l'honneur que jamais, il ne serait peut-être pas farfelu d'envisager d'inscrire au curriculum des cours où La Fontaine et les autres poètes parleraient une langue familière.

Chapitre 8

Le Pensionnat
Une éducation en soi

Jeannine DePocas-Dehoux

1972. Le Rideau tombe sous le pic des démolisseurs. Le Rideau tombe sur plus d'un siècle d'histoire.

L'histoire du Pensionnat. Aux hublots des nuages, invisibles à nos yeux, les artisans de cette œuvre magistrale quittent leurs postes d'anges titulaires, devisant entre eux sur le travail accompli, tandis qu'ici-bas, plus d'une ancienne pensionnaire revit avec nostalgie les années de son enfance ou de son adolescence passées à l'abri de ces vieux murs de pierre.

Le père Tabaret, o.m.i., fondateur de l'Université d'Ottawa, s'adressant à Mère Bruyère, fondatrice du Pensionnat, lui dit : «J'avais écrit que votre vision de l'éducation dépassait votre époque de cinquante ans, mais j'avoue m'être trompé; il m'eut fallu multiplier par deux. Votre vision de l'éducation transcendait le temps.» — «Merci, mon Révérend Père, mais dois-je vous rappeler qu'en éducation une grande valeur morale et le sens pratique de la vie sont deux valeurs fondamentales? C'est avec fierté que j'ai vu mes filles s'y attacher fermement.» Et

207

monseigneur Guigues de renchérir : «Si je ne m'abuse, le programme tracé en 1849 était bien de former des jeunes filles cultivées, avant tout conscientes de leur devoir de chrétiennes et de femmes d'intérieur.» — «Oui, Monseigneur, en éducation il ne s'agit pas de former des encyclopédies vivantes ou des femmes savantes. J'ai toujours préconisé une éducation harmonieuse et complète de l'esprit et du cœur, insistant auprès des éducatrices pour que l'on mette à l'honneur les vertus de charité, de renoncement et surtout de simplicité.» Mère Thérèse-de-Jésus, supérieure du Pensionnat de 1870 à 1912 ajoute : «Savoir penser ne suffit pas; il faut agir, il faut se rendre utile aux autres. Ce qui importe c'est moins la forme de l'activité que l'activité même qui doit être charitable et dévouée. Chez les jeunes filles, il faut équilibrer la sensibilité. C'est pourquoi chez les demoiselles pensionnaires, il faut favoriser la pratique de l'hygiène du corps par des jeux, des promenades, des courses en plein air, des sports, de la callisthénie, un régime sobre et fortifiant, des vêtements simples et corrects, une tenue féminine, une politesse exquise dans les manières et le parler; autant de marques extérieures qui inconsciemment laissent l'empreinte du beau dans l'âme. Et, sur leur chemin d'éternité, suivies d'une phalange de femmes fortes et intrépides formées à leur enseigne, les fondatrices philosophent encore sur l'inépuisable thème de l'éducation.»

Les journaux de l'époque regorgent de louanges que ces mères, par trop modestes, passent sous silence. Au sujet des pensionnaires, on peut lire dans un quotidien du 18 août 1923 :

La vie de famille que les élèves mènent à ce couvent, sous la surveillance diligente des religieuses, leur laisse d'agréables et ineffaçables souvenirs, car elle est à la fois chrétienne, simple, faite de respect de soi-même et en tous points digne de jeunes filles. C'est en effet par une tendre persuasion qu'en cette maison d'éducation on parvient à inculquer aux élèves les principes du bien et du beau.

En 1887, lors d'une visite de Leurs Excellences le gouverneur général Lord Stanley et Lady Stanley, Son Excellence dit :

qu'il fut surtout frappé de l'aisance et de l'élégante simplicité de tout l'ensemble de la fête, et félicita les jeunes demoiselles d'être formées par des mains si habiles, d'être sous l'influence de dames qui savent si bien distinguer sans les séparer, l'instruction et l'éducation.

En janvier 1878, le *Daily Citizen* rapporte :

The discipline is mild. The sisters preferring to ensure obedience to the rules of the school by kindness rather than coercion.

Octobre 1919. Elles sont accourues par légions au cinquantième anniversaire de leur Alma Mater. Et le père Laflamme, o.m.i., de clamer bien haut dans son sermon de circonstance :

Si la semence jetée en terre il y a un demi-siècle, si l'humble tige du début a pris les dimensions d'un arbre vigoureux dont les fleurs et les fruits s'épanouissent avec tant d'éclat, c'est parce qu'une sève active, abondante, riche et féconde a circulé dans ses veines comme un principe de vie et comme une âme pour lui donner cette force et cette grandeur qui la caractérisent aujourd'hui et qui lui assureront encore de brillants lendemains. Les succès de l'avenir continueront le succès du passé, grâce à votre fidélité aux traditions de dévouement, de piété et de travail qui ont marqué la règle d'un demi-siècle et qui garantissent la vitalité et la survivance d'une œuvre d'éducation.

Les pensionnaires venaient de partout, de l'Ontario, du Québec, du Nouveau-Brunswick, des États-Unis, du Mexique, du Vénézuéla et même de la lointaine Colombie, afin de parfaire leur éducation, de s'instruire et de se tremper au creuset d'une vie disciplinée.

Témoignage d'une grand-maman

Assise dans ma berceuse, je lis dans le journal : «La chapelle du Rideau va revivre dès l'an prochain.» Est-ce possible? Dans cette chapelle j'ai prié, oui, très souvent.

J'étais plus pieuse qu'aujourd'hui. J'ai prié, j'ai rêvé, j'ai pleuré, j'ai même étudié avant les examens. Je m'en souviens comme si c'était hier. À la course, après l'étude du matin, nous passions à la chapelle allumer des lampes à Notre-Dame-du-Perpétuel-Secours afin de réussir — et cette bonne mère nous aidait, c'est bien certain.

J'avais 14 ans lorsque ma mère vint me conduire au Couvent. La religieuse, très accueillante lui dit : «Votre jeune demoiselle se plaira ici, je vois cela dans ses yeux.» Moi, une demoiselle, oh! c'était plaisant à entendre. En partant, ma mère m'embrassa bien fort en me disant tout bas : «Je serais très heureuse de te voir devenir une vraie demoiselle.» Cette phrase, plus d'une fois, m'a empêchée de faire des impolitesses et lorsque la maîtresse nous adressait des remarques et disait : «Mesdemoiselles, ça ne convient pas d'agir ainsi», je me redressais. Plus tard, lorsque je racontais cela à mes filles, elles souriaient, mais je sais que ça ne passait pas tout droit. Aujourd'hui, je suis fière de leur distinction, de leurs bonnes manières et de leur force de caractère. J'ai reçu une si belle éducation à mon cher Couvent Rideau.

Que de belles heures nous y avons passées sans trop nous en rendre compte; les soucis n'étaient pas à l'ordre du jour et l'avenir ne nous préoccupait pas trop non plus. Jouer en groupe, discuter de tout et de rien étaient pour moi un réconfort. Étant fille unique, j'avais tant besoin de ne pas vivre seule.

Même si le grand dortoir était laid et tout gris, j'aimais y dormir, car mes amies étaient là. Oh! il nous arrivait de faire quelques fredaines. Je me souviens qu'à trois nous avions planifié de rêver tout haut : cela dura deux soirs. Nous en avons ri longtemps. Le coup en valait la punition.

Nous avions de belles cérémonies religieuses au Couvent. La fête de l'Immaculée Conception avec la procession de la statue de la Vierge, le beau chant, la réception des Enfants de Marie. Oh! pourquoi est-ce disparu?

Un geste qui me revient souvent à la mémoire, c'est la préparation des paniers de Noël. Avec envie, nous regardions les denrées apportées par les externes.

Un jour en parlant avec notre maîtresse de pensionnaires, nous lui avions exprimé notre ardent désir de faire aussi notre part pour les paniers des pauvres. Connaissant nos faibles moyens, elle convint avec la Supérieure de nous donner, deux fois la semaine, quelque chose pour les paniers. Un jour, c'était chacune un œuf et une patate — un autre, c'était une petite boîte de légumes ou de conserves sucrées ou encore une pomme. C'était beaucoup, car nous étions 58 pensionnaires.

Les trois groupes de pensionnaires et leurs maîtresses, deux fois l'an, en septembre et en juin, allaient pour la journée au parc Rockcliffe. Quel plaisir! Nous partions tôt, allègrement, munies d'un goûter extraordinaire. Nous mangions toute la journée et participions à toutes sortes de jeux organisés.

Je me sens toute rajeunie de revivre ces instants. Je revois mes compagnes bien aimées, mes maîtresses de qui je garde un bon souvenir. Leur bonté et leur patience donc! Dans les périodes de grippe, ah! les beaux plateaux avec de la fine vaisselle qu'elles nous apportaient, les soins et les délicatesses maternelles qu'elles nous prodiguaient! Vraiment, on sentait qu'elles nous aimaient, elles étaient des femmes de cœur. Elles voulaient vraiment notre bien. C'est plus tard qu'on le comprend mieux.

J'ai toujours raisonné avec mes enfants comme je l'avais appris moi-même avec mes professeurs. Leur dignité, leur langage, leur tenue et leurs bonnes manières m'impressionnaient. Si par snobisme, pour faire comme les autres, en ce temps-là, je ne le mettais pas en pratique, dans mon lit, le soir, je me disais : «Je ne suis pas assez demoiselle, pourtant maman désire tant que je le devienne.»

211

J'ai aussi appris à avoir de l'ordre, à tenir mes choses propres. Chez moi, étant fille unique, c'est ma mère qui rangeait tout, alors je n'apprenais pas à le faire. Je serais devenue une belle égoïste, car chez nous on pensait toujours à moi. Au Couvent, mêlée à 58 compagnes, je devais penser aux autres. J'ai appris ainsi à m'oublier.

Souvent je pense : l'instruction sans éducation ça ne passe pas, mais l'éducation sans instruction ça passera toujours.

Fête clandestine

Je me souviens, de dire une ancienne, du soir de la Saint-Valentin en 1948. Au son de dix heures, une à une, nos meilleures copines arrivent à notre chambre à pas feutrés. Ma sœur accueille nos invitées qui viennent clandestinement partager avec nous une boîte de friandises reçue de maman ce même jour.

Assises en rond sur le plancher de bois, nous rigolons à voix basse. Vous y pensez! décapsuler du Pepsi et le verser dans l'obscurité à la lueur des lampadaires de la rue Rideau tout en s'empiffrant et cela avec un soupçon d'inquiétude d'être surprises en flagrant délit ... Soudain, vers les onze heures, toc, toc, toc. Sidérées, nous n'osons bouger. Nos cœurs, à l'unisson, battent à grands coups le tambour du remords. Les secondes passent ... rien ... Laura, d'un geste quasi machinal, question peut-être d'apaiser le tumulte de la conscience collective, vide l'ultime bouteille de Pepsi par la latte de la contre-fenêtre. La fête se termine. Nous regagnons nos chambres en catimini.

Mais voilà que le lendemain un concierge intrigué avise l'Économe qu'un étrange gros glaçon brun prend son origine d'une certaine fenêtre du troisième étage de la rue Rideau, menaçant la tête des piétons; enquête menée, les coupables sont morigénées par la maîtresse des pensionnaires qui devait rire sous cape. Mais qui donc était l'au-

teur du fameux toc, toc, toc? Une maîtresse de classe bien-
aimée et compréhensive, à qui nous avions confié notre
projet, pour nous jouer un tour, en route pour sa chambre
nous avait toc, toc, «tocquées».

«Tu ne voleras point»

Octobre 1940. Cas :	Valérie, quatre ans et demi, pensionnaire depuis quelques semaines, élevée par sa grand-mère. Enfant éveillée, volontaire, mutine à ses heures.
Délit :	Être allée communier pour la première fois lors d'une messe en semaine.

Affolement des autorités, on s'en remet à l'évêque
diocésain, monseigneur Alexandre Vachon, qui décide de
venir en personne enquêter sur cette impensable affaire.

À la hâte, on apprend à Valérie à saluer, à faire
la révérence, à s'agenouiller pour baiser la bague de
Monseigneur, à se bien tenir et à écouter respectueuse-
ment.

Selon la tradition, comme pour tous les dignitaires de marque, Monseigneur est accueilli au parloir
rouge, lieu sacro-saint interdit aux pensionnaires. On y
amène la petite. Elle reste hésitante dans l'encadrement
de la porte, médusée par les niches aux coussins soyeux,
le tapis rouge, le parquet luisant, l'immense foyer, de quoi
en oublier sa leçon de savoir-faire. Et quand Monseigneur
lui fait paternellement signe d'approcher, Valérie ne trouve
rien de mieux à faire que de courir vers lui, sans protocole,
et de spontanément s'installer sur ses genoux en le
couvrant d'un regard droit et limpide, à l'aise et confiante.

«C'est toi qui a volé le Bon Jésus? de dire Monseigneur d'une voix grave.» — «Mais oui, c'est moi, claironne
la petite, je Le voulais et Il me voulait.»

213

Le grand Inquisiteur, plus ému qu'il n'en laissa paraître, confirma aux religieuses que cette enfant avait bel et bien l'âge de communier.

Anecdotes

Prière généreuse. C'est le premier vendredi du mois. Les groupes d'élèves se succèdent à la chapelle pour l'adoration du Saint-Sacrement. Une pensionnaire ingénue préside à la récitation du chapelet. «Nous allons dire cette dizaine pour les pécheurs, spécialement pour notre maîtresse.» Rappel brutal à l'humilité pour la dite autorité.

Teddy, l'ourson en peluche. «J'étais malade. J'avais six ans. La religieuse prenait tendrement soin de moi. Mais seule, dans cette immense dortoir, il me fallait m'occuper. Quoi de mieux que de jouer à mon tour à l'infirmière en donnant un bain à Teddy mon ourson. L'eau dans mon bassin prit vite une couleur inquiétante et Teddy parut être au plus mal. Je l'emmaillotai dans une serviette et bien que blotti entre mes bras, il ne voulait pas sécher. La maîtresse me fit comprendre que mon toutou pouvait attraper une pneumonie. Elle me l'enleva et ce pauvre chéri passa deux jours à cheval sur un tuyau du calorifère du dortoir et devint raide d'arthrite avant l'âge.»

La croix. Cette petite de cinq ans était fascinée par le costume de la religieuse. Alors qu'un soir la maîtresse la bordait : «Vous savez Mère, ma grand-maman en a une croix comme la vôtre, mais elle n'a pas tout le 'suit' qui va avec.»

Bon langage. «Et toi, Mère, de lancer le bout de chou de cinq ans à la maîtresse des pensionnaires, tu veux que 'ze' parle bien et toi tu dis tramway, il faut dire tramoi.»

Épreuves. Une grande pensionnaire revient de l'école en pleurant. «Mère, j'ai sûrement échoué mon examen de latin» — «Voyons, tu avais bien étudié, il faut attendre les résultats.» — «Inutile de me leurrer, je suis perdue; dans la version, j'ai fait entrer les éléphants d'Hannibal dans la maison!» Sans rire, la maîtresse doit consoler l'étudiante.

Et cette autre du cours commercial qui cherchait aussi consolation au retour d'une épreuve de "Spelling" de cinquante mots à cinq points par faute. — «Mère, dit-elle entre deux sanglots, j'ai échoué, il me manque vingt points pour avoir zéro.»

Dans les coulisses. Nous venons d'assister à quelques scènes de la vie des pensionnaires. Scènes qui nous ont, tour à tour, attendries et amusées. Dans le quotidien, cette vie était soumise à une discipline rigoureuse. La cloche réglait toute activité : lever, coucher, repas, étude, ménage, récréation, parloir ... Plus d'un oreiller fut mouillé de larmes le soir, lorsque l'ennui nous tenaillait, que nous en avions marre du règlement ou que nous nous sentions injustement incomprises.

Pour quelques-unes, être pensionnaire était une heureuse évasion de la vie familiale; pour d'autres, un grand sacrifice et pour un petit nombre, une calamité. Cependant, aucune de celles qui ont été interviewées, avec le recul des ans, ne le regrette. «J'ai trouvé pénible la vie d'internat», de dire l'une d'entre elles. «Ma vie fut tissée d'épreuves et si j'ai passé si courageusement au travers, c'est grâce à cet esprit de sacrifice, de maîtrise de soi acquis au Pensionnat.»

Une autre se souvient d'avoir secrètement observé tous les soirs, quand la cour était déserte, la cuisinière donnant des quantités de nourriture aux pauvres.

Une autre confie : «Nous étions peu fortunés chez nous et ma mère ne pouvait payer pleine pension pour moi. Pourtant, j'étais traitée comme les autres et rien ne transpirait.»

Heures riches d'une pensionnaire

Réflexion

Les souvenirs dévalent en torrents et se perdent dans les méandres du passé. Pourquoi l'œuvre du Pensionnat a-t-elle disparu? Est-elle remplacée? — «Sur plus d'une centaine de pensionnaires», me dit une ancienne maîtresse, «seulement un faible pourcentage avait besoin d'une attention personnelle et constante. Depuis plus d'une décade, à cause des perturbations qui agitent la société actuelle, des maisons d'accueil pour petits groupes d'adolescentes ont pris la place du grand Pensionnat. Cette formule répond aux besoins des plus mal aimées parmi nos jeunes filles à la recherche d'absolu ou de leur part de bonheur dans un monde où elles se sentent rejetées. Cette œuvre est discrète, elle a moins d'envergure, mais elle est indispensable et cadre bien dans la vision de charité de cette grande éducatrice que fut Mère Élisabeth Bruyère.»

1849. Le Rideau se lève.

1972. Le Rideau tombe.

1988. Le Rideau s'entrouvre, dévoilant à nos yeux le cœur des vieux murs de pierre. Cœur qui se remet à battre sur la marche du temps. Avec respect, comme aux jours de notre adolescence, nous entrons dans la chapelle, notre chapelle, où le silence nous parle inlassablement du passé.

ENCLOSURE

Margaret Russell-Hare

Indeed, a world within four walls...
Fascination for the forbidden
Abides eternal in the human heart.

I

The apple tree clung its way
to the top of the high stone wall
hiding Rideau Street.
A sappling;
one of us, we thought, while
we sprung up its compliant branches,
reached beyond our grasp
wanting to leave this routine way of life.
Clinging to the top of the wall,
half in fear, half in dare,
undoing our hair,
catching a glimpse of the many coloured windows,
the noonday world rushing by.

TILL

those footsteps,
demure, making pretense
with no unhurried pace
yet
       inadvertently
       so heedlessly
just accidently on purpose

AND

the clang of the bell
meant a leap down to hard earth
but left pondering
"A man's reach must exceed his grasp
or what's a heaven for...."

II

Stolen looks
furtive through the Waller Street door
sweetest and best

WHEN

twenty pianos attuned
to the routine practice of DO, RE, MI,
suddenly echoing some passerby's whistle
gave way to his airy tune
"Let me call you sweetheart".

TILL

from behind the grand pianos
a door opened
with the accent of approaching feet
and then the figure, familiar and loving
who happened to cross the hall
   so unintentionally
   so unmindfully
just accidently on purpose

AND

that look
like a bell
tolling me back
to basic DO, RE, MI
but left wondering

"Was it a vision
        or a waking dream?
Fled is that music
Do I wake or sleep?"

III

"Hope springs eternal in the young heart
Youth always is, and always to be blessed."
A youthful passerby
eyeing a certain upper window
left open on Besserer Street

        just conveniently
        with no less intent

STILL

unhurrying and unperturbed
footsteps
a shadowy figure
peeped around the door

        most inadvertently
        most unintentionally
just accidently on purpose

AND

all charms flew at the hush
cold waves of draught
enough to clip the angel's dauntless wings.

IV

Even tennis balls seemed to go their way
over the Cumberland Street wall
accidentally on purpose

        leaving one mystified
        by such misdemeanour

YET

not without hope and trust of
>
> a promise
> a pledge
> a tryst

at the trellis gate
in a hopeful hour

FOR

something inspires youthful lovers
to make a wall an open gate
and believe with Lovelace that
>
> "Stone walls do not a prison make
> Or iron bars a cage
> If I have freedom in my love
> And in my soul am free..."

Chapitre 9

Souvenances

Il pleuvait sur Ottawa ce matin-là

Yolande Bénard-Dompierre

Il pleuvait sur Ottawa ce matin-là. Je regardais le ciel et ma boîte de coquelicots que je devais vendre en cette fête du souvenir. Mes yeux s'arrêtèrent sur une vieille dame qui s'apprêtait à traverser la rue. Je courus vers elle et lui dis :

— Un coquelicot, madame?

— Oui sûrement, me dit-elle, d'un air absent.

— Il ne fait pas chaud ce matin.

Ses yeux fixaient des choses que je ne pouvais voir. La pluie s'était mise à tomber à torrents et nous avons dû nous abriter dans l'entrée d'un magasin.

— Je suis toujours émue quand j'arrive à cette intersection, me dit-elle.

— Ah! oui?

— Oui... Vous voyez, de l'autre côté de la rue, c'était mon couvent. Ils l'ont démoli en 1972. C'est un crime, un véri-

223

table assassinat. Tout ce qui m'en reste, c'est une pierre. Pour moi, c'est une véritable pierre tombale.

Je me demandais où elle voulait en venir.

— C'est ma sœur qui me l'a remise. Par un matin semblable à celui-ci, elle est entrée dans le couvent qu'on était en train de démolir, de raser sans regret apparent. Ma sœur, qui est impulsive, franchit les barricades et se retrouva dans le long corridor qui menait à la chapelle. Tout n'était que murs éventrés, débris de plâtre, et de planches. Les ouvriers lui criaient : «Madame, vous ne pouvez pas passer. Vous pouvez vous blesser.» Mais elle savait où se diriger. Elle arriva finalement à la chapelle. C'était la désolation, l'agonie. Cette belle chapelle qui avait été si souvent témoin de nos prières d'enfants et d'adolescentes, on la détruisait en mille morceaux. Le maître d'œuvre s'approcha d'elle. Étonné de la voir là et bien déterminé de l'expulser, il se rendit compte qu'elle pleurait. C'était un Italien au cœur tendre. Il comprit son émotion et quand elle lui dit : «Si au moins je pouvais emporter un souvenir.» Il lui tendit alors un petit morceau de marbre brisé. «Puis-je en avoir un autre pour ma sœur?» Il acquiesça. C'est depuis ce temps que j'ai un minuscule mausolée sur mon piano. J'y ai fait inscrire : «Ci-gît mon couvent tombé sous des mains assassines, en l'an de grâce 1972. Requiescat in pace.»

La petite vieille me fascinait de plus en plus. Était-ce la pluie qui faisait briller ses yeux ou des larmes?

— La vie passe si vite, ma chère petite, — vous verrez. C'est bien là, au Pensionnat Notre-Dame du Sacré-Cœur, plus connu sous le nom du Couvent Rideau, que j'ai fait ma première communion en 1923. C'est comme si c'était hier. Je vois encore tout ce blanc : blancheur des cierges, des fleurs, de la Sainte table, blancheur de nos robes et de nos voiles. Je revois les anges du sanctuaire, témoins muets qui nous sourient et qui nous regardent défiler dans l'allée centrale. J'entrevois ma mère, son tendre regard tente de me consoler du fait que je n'ai plus de père.

Première communion

La vieille dame avait oublié ma présence et le son de ma voix la fit sursauter.

— Madame, vous décrivez si bien le passé que je suis tentée de vous demander quelque chose. Je suis étudiante en journalisme et j'ai un travail à remettre dans quelques semaines. On nous a demandé de décrire un coin de la Capitale. Comme je ne suis pas de la région, j'ai besoin de renseignements. Me permettriez-vous d'aller frapper à votre porte? Je suis certaine que vous auriez des choses intéressantes à m'apprendre sur ce Couvent Rideau.

La vieille dame accepta avec empressement et le lendemain je me retrouvai dans son salon. Elle avait préparé un bon thé chaud et des petits gâteaux. Tout cela était joliment disposé sur une nappe brodée.

— Est-ce vous qui avez fait ce travail de broderie?

— Oui, c'est au couvent que j'ai appris à broder. Toutes les jeunes filles de mon époque brodaient. Les bonnes reli-

225

gieuses tenaient à ce que nous sachions tenir l'aiguille et la plume. Elles avaient beaucoup de patience. «Ce sera utile, disaient-elles, quand vous aurez à préparer votre trousseau.» Le mien est prêt depuis longtemps, mais je ne me suis jamais mariée.

Je cherchais le petit morceau de marbre dont elle m'avait parlé. En effet, il était là sur le piano, au fond de la pièce. Je me levai et l'examinai avec soin.

— Vous êtes vraiment sentimentale.

— Oui, peut-être, mais j'ai une de mes amies qui l'est encore plus que moi. Depuis la mort du couvent, jamais plus elle n'a regardé ce coin de la ville. Elle ignore totalement ce qui a été érigé au 200, rue Rideau. Son mari, par délicatesse, ne passe jamais à cet endroit quand ils se déplacent en voiture.

— Ne trouvez-vous pas que c'est exagéré tout ça?

— Peut-être bien, mais ce qui l'est encore plus, ce qui est excessif et démentiel, c'est la destruction, l'anéantissement de lieux, de choses qui, par leur beauté, leur caractère sacré ne demandent qu'à durer.

La vieille dame devenait éloquente; elle tremblait un peu.

— Justement, madame, j'ai entendu dire qu'on était en train de reconstituer la chapelle. Tout a pu être récupéré. Des artistes sont à remettre tout en place.

Elle me regarda avec un sourire triste.

— Vous avez déjà lu cette petite phrase quelque part? «Notre enfance laisse quelque chose d'elle-même aux lieux embellis par elle, comme une fleur communique son parfum aux objets qu'elle a touchés.» C'est ce «quelque chose», cet «impalpable» que l'on ne pourra plus retrouver. Permettez-moi ici une comparaison. C'est comme le chasseur qui déciderait de faire empailler le gibier qu'il vient d'abattre.

Tout en parlant, la vieille dame s'appliquait à enlever une ficelle autour d'une boîte.

— Je veux vous montrer de vieux souvenirs. Ils sont très précieux.

Elle souleva le couvercle et je la vis déplier ses papiers jaunis avec autant de respect que s'il s'était agi de dentelles précieuses.

— Venez vous asseoir à la table. Nous allons maintenant plonger dans le passé. C'est là que se trouve la vérité.

Pendant qu'elle s'installait, j'eus le temps d'admirer les meubles magnifiques, les fines porcelaines et l'argenterie du vaissellier. Il se dégageait de tout cela comme un parfum d'éternité.

— Vous avez de belles choses, madame, lui dis-je.

— Elles sont précieuses pour moi parce qu'elles m'ont été offertes par des gens que j'ai aimés. Elles vivent dans ma demeure tels des personnages.

La vieille demoiselle n'avait pas besoin d'en dire plus long. Ces objets représentaient pour elle une sécurité, le lien essentiel qui la rattachait aux jours lointains de son enfance. Elle n'aurait pu s'en départir.

— Tenez, regardez ici. Qu'il a fière allure mon couvent! C'était dans ses années de gloire.

Elle venait d'ouvrir un petit livre vert qui contenait des photos de l'extérieur et de l'intérieur du couvent. C'était comme si l'on avait examiné une carte mortuaire où figure le portrait du défunt.

— Une relique du passé... comment a-t-on pu? J'ai vécu plusieurs années à Paris. Cette grande capitale ne serait pas devenue ce qu'elle est si on s'était permis de démolir ce qui fait actuellement sa fierté.

Je gardais silence; je ne voulais rien perdre de son récit.

227

— Voici l'intérieur de la chapelle. J'ai toujours pensé que le ciel ne devait pas être loin... la qualité du silence, c'est une chose que je n'ai jamais pu retrouver ailleurs. À toute heure du jour, il y avait des religieuses en prières. Je croyais, enfant, qu'elles étaient en communication avec l'au-delà... Quand elles chantaient, à l'occasion des cérémonies religieuses, leurs voix semblaient atteindre des régions célestes inconnues et mystérieuses. Les sœurs converses, celles qui s'occupaient des tâches domestiques, y avaient aussi leur place. Elles faisaient l'objet de beaucoup de respect et de reconnaissance. On pensait à elles quand l'odeur du bon pain et de la bonne soupe se répandait dans le couvent et venait nous rappeler que l'angélus approchait.

— Si je comprends bien, ce couvent était une institution privée, donc réservée à une certaine élite.

— Mais oui... n'oubliez pas que ce que je vous explique là... c'était la société de l'époque, avant la dernière guerre. Qu'on le veuille ou non, il y avait tout un monde entre la classe ouvrière et la classe dite «favorisée». Dans les familles aisées, la bonne portait la robe noire, le tablier blanc et la coiffe blanche. Nous nous faisions beaucoup de souci pour notre petite sœur ouvrière, car on croyait qu'elle était exposée à bien des dangers.

— Cela me fait rire un peu. Je pense à quelques-unes de mes amies, étudiantes en Droit, qui sont également serveuses de restaurant. Le monde a sûrement changé depuis soixante ans.

— On voulait faire de nous de bonnes mères de famille, des femmes du monde, raffinées, instruites, généreuses. «Vous ferez partie de l'élite, vous avez une vocation importante et il faut vous y préparer.» Je sais que, de nos jours, ces mots peuvent sembler bien étranges, mais c'était ainsi dans les années vingt.

La vieille dame feuilletait toujours son petit livre vert. Elle en était maintenant aux trois salons. Je regrettais presque de lui avoir imposé cet exaltant retour dans le passé. Sa voix m'indiquait à tous moments que la fatigue, l'émotion, la gagnaient.

— Que c'était beau, toutes ces belles boiseries, ces meubles magnifiques. Qu'aurais-je donné pour être la dépositaire de ce magnifique canapé qui me rappelle tant ma mère et toutes ces bonnes religieuses qu'elle allait consulter. Elles étaient des amies, des confidentes, des conseillères. Le monde n'était pas rose à cette époque. Nous sortions de la première guerre mondiale. La terrible épidémie de grippe espagnole venait à peine de cesser ses ravages. La tuberculose s'attaquait sauvagement aux jeunes et les maladies infantiles (rougeole, scarlatine, dyphtérie) prenaient souvent des proportions épidémiques. La maladie, la souffrance, la mort nous entouraient. Les voiles de deuil, les cortèges funèbres faisaient partie de notre décor. Mais la vie triomphait et le travail de nos éducatrices se faisait malgré tout dans la joie et la douceur. Il ne faut pas oublier non plus qu'un vent de jansénisme soufflait sur l'ensemble des milieux d'éducation. Nous avions une âme que nous devions garder blanche et un corps que nous devions garder propre. Les mamans et les religieuses s'en chargeaient avec une ardeur qui ne se démentait jamais.

— Les religieuses n'étaient pas toutes des saintes, tout de même!

— Non, mais dans nos têtes d'enfants dociles, nous croyions qu'elles l'étaient. En vieillissant, on comprenait qu'elles n'étaient qu'humaines... heureusement. Il y avait donc des religieuses très vivantes, très joyeuses, qui trouvaient réponse à nos questions d'enfants, et il y en avait d'autres, plus tristes, plus taciturnes, même franchement désagréables, que nous évitions de rencontrer dans les corridors. En général, le climat était agréable.

— Vous n'établissiez pas beaucoup de liens avec le monde réel?

— Vous serez sans doute surprise, mais le couvent avait aussi un côté très mondain, très ouvert et très à la page. C'était le sourire du couvent. Tout était occasion de fêtes, de réceptions, de concerts, de conférences, de pièces de théâtre et de thés. Ces fameuses réceptions, l'après-midi, qui se transformaient en de véritables parades de mode où on arborait avec élégance des créations de grands couturiers et des chapeaux des plus spectaculaires.

À ces mots, elle sortit de la boîte une vieille photo d'elle-même, arborant un jardin fleuri sur la tête. La photo datait de 1935. Elle riait de bon cœur. «Aujourd'hui, vous porteriez cela pour une mascarade.»

Le vieille dame semblait heureuse de me parler de ce couvent disparu, un peu comme on parlerait d'un fiancé tombé au champ d'honneur.

— Ces saintes femmes cultivaient tous les aspects de notre personnalité. Elles engageaient même des professeurs laïques d'une très grande compétence. La diction, cet art de dire, d'articuler, nous était inculquée dès notre entrée dans cette institution. Les bouches molles n'y ayant pas droit de cité, l'on nous faisait répéter jusqu'à la perfection. Comme les micros n'existaient pas, il nous fallait apprendre à projeter notre voix et, pour y arriver, on nous enseignait à respirer. Ensuite, pour vaincre notre timidité, on

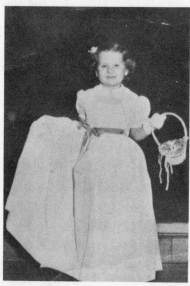

À la visite du Gouverneur général

devait grimper sur le théâtre, souvent devant le Gouverneur général ou quelque ambassadeur d'un pays étranger, invariablement devant une salle comble, et débiter nos petits poèmes ou comptines à la grande joie de nos professeurs et de nos parents.

— N'y avait-il pas danger de faire de vous de petites vedettes?

— Après les représentations, les compliments ne fusaient pas de toutes parts. Si nous avions bien fait, cela était normal et devait être ainsi. S'il y avait des lacunes, nous l'apprenions. Une telle n'avait pas assez bien articulé, une autre n'avait pas réussi à projeter sa voix plus loin que la vingtième rangée et cette petite avait bougé lorsque le bouquet de fleurs s'était écroulé en bas du piano.

— Mon Dieu que c'était sévère, madame.

— Les éducateurs de cette époque croyaient que tout ce travail de formation devait se dérouler pendant les premières années de la vie. On surveillait notre maintien, notre démarche, le ton de notre voix. Une demoiselle ne devait jamais crier, ne devait jamais parler fort dans la rue; pour croquer une pomme ou déguster une glace, il y avait le réfectoire, la cour de récréation, mais jamais le trottoir. Quant à la gomme à mâcher, elle faisait l'objet du plus profond mépris. Il ne fallait pas ressembler aux ruminants des champs.

— Et vous ne vous sentiez pas brimée?

— Le monde de l'enfance est toujours merveilleux et il trouve mille et un trucs pour échapper aux contraintes. Notre joie de vivre était une fête sans fin. Les espiègleries et les fous rires remplissaient nos journées. Il nous arrivait aussi de nous impatienter, de faire la mauvaise tête, mais on nous ramenait vite à la raison. D'ailleurs ces bonnes religieuses exploitaient ce monde de l'émerveillement.

La vieille dame sortit ensuite quelques reliques du fond de sa boîte.

Élèves de la première année
en examen

— Tenez, c'est mon herbier. Regardez mes premiers cahiers, mes petits examens de Pâques et de Noël, si joliment décorés par mes professeurs. Quand c'était le temps des récompenses, nous étions gâtées. Malgré la sévérité, nous sentions tellement cet amour constant et attentif si nécessaire à l'enfant. Aujourd'hui quand je repense à tout cela, ce qui me frappe le plus, c'est tout ce respect qu'elles portaient à nos petites personnes. Toujours cette politesse exquise, même dans les moments d'impatience.

Ma pauvre petite vieille pleurait maintenant. Une partie de son enfance était là, étalée devant moi. J'ai cru qu'elle était peut-être fatiguée.

— Je m'excuse, madame, je crois que j'ai abusé de votre gentillesse.

— Non, non... je vous en prie. C'est moi qui m'excuse d'être aussi émotive. C'est qu'à mon âge, il est toujours un peu nostalgique de se promener dans un cimetière. Je vous invite à revenir sous peu; je vous parlerai de mes études secondaires et collégiales dans cette institution. J'en ai encore long à vous raconter.

Elle me reconduisit à la porte. Dans la rue, je me retournai et l'aperçus à sa fenêtre. Elle m'envoya la main. J'avais la tête pleine d'idées. Je commencerais dès ce soir-là mon travail sur ce coin disparu d'Ottawa. J'intitulerais mon article : «L'amour de ce qui fut.»

Quelques jours plus tard, j'ouvris par hasard le journal, ne sachant pas qu'une mauvaise surprise m'y attendait. On aurait dit que quelqu'un mettait là, sous mes yeux, une chronique que je ne lis jamais, celle de la nécrologie. «Nous apprenons avec regret le décès de mademoiselle...» Je lus et relus une deuxième et une troisième fois. Je n'en croyais pas mes yeux, mais je devais pourtant me rendre à l'évidence. C'était bien elle.

J'ai peu dormi cette nuit-là. Il m'a semblé que je devais aller lui dire un dernier bonjour. La cérémonie religieuse était fixée à 11 heures et je décidai de m'y rendre. Je me sentais bouleversée. Parents et amis étaient là dans les premiers bancs de l'église. Une simple couronne de fleurs ornait le cercueil. Mes yeux croyaient déceler un objet blanc au centre du bouquet de fleurs. De mon siège, on aurait dit une colombe. Quand le cercueil passa près de moi, je reconnus le petit morceau de marbre blanc. Puis, comme poussée par une envie irrésistible, je sentis le besoin urgent de prendre le train et d'aller embrasser mon père et ma mère.

Je voulais leur dire que je les aimais plus que tout au monde. J'avais aussi le désir de revoir mon village natal, la terre aux vastes étendues, la maison de mes ancêtres. J'avais à tout prix besoin de revoir ma petite école, le clocher de mon église. Oui, je leur dirais : «Ne touchez à rien. La vérité est là.»

J'ai donc pris le train... il pleuvait sur Ottawa, ce matin-là.

PART III

T
H
E
C
H   ... the visionary gleam
   ... the glory and the dream
A   *Intimations of Immortality*
          — William Wordsworth
P
E
L

... THEN

AND NOW

TROISIÈME PARTIE

L
A

C
H
A
P   L'arbre a des feuilles
E   l'été est là
                    sous le ciel au-dessus de la terre
L   en un lieu où la voûte azur
                    est riche séjour
L   une femme.
                                    Andrée Lacelle
E

...HIER ET

AUJOURD'HUI

Salle de musique

Music Hall

Hélio-Brome, Librairie Beauchemin Limitée, Montréal

Parloir rouge   Red Room

Archives des Sœurs de la Charité d'Ottawa

La Chapelle   1888-1972   The Chapel

au cœur du Couvent de la rue Rideau   at the heart of the Rideau Street Convent

Murray Mosher — Photo Features

La Chapelle   1972-1986   The Chapel
dans l'entrepôt de la rue Kaladar   in the Kaladar Street Warehouse

Commonwealth Historic Management Ltd.

La Chapelle au cœur du Musée des beaux-arts du Canada   Musée des beaux-arts d[...]
The Chapel at the heart of the National Gallery of Canada   1988

Chapitre 10

La chapelle

Lieu de mémoire religieuse

Élisabeth Jeannine Lacelle

On écrira beaucoup sur la chapelle du Couvent de la rue Rideau en l'année centenaire 1988 : notamment, sur ce qu'elle porte d'héritage artistique. C'est un autre point de vue qui s'exprimera ici; celui de celles et de ceux qui l'ont habitée ou qui y sont passés au cours de ces cent ans, et qui ont pu y vivre un lieu de rencontres avec Dieu, d'actes religieux et d'expérience de la foi. Ce sont surtout des milliers de jeunes filles, des centaines de religieuses Sœurs Grises de la Croix, aujourd'hui nommées Sœurs de la Charité d'Ottawa. Ce sont aussi des aumôniers Oblats de Marie-Immaculée, des adolescents servants de messe, des garçonnets premiers communiants, des professeurs religieux, prêtres et laïcs, des parents et amis. Une mémoire religieuse s'est tissée tout au long de ces cent ans, dont des traces seront évoquées. Elles s'inscrivent dans un passé qui désormais, à partir de mai 1988, entre dans une mémoire que tracera le grand public du Musée des beaux-arts du Canada.

Des origines qui marquent le lieu

Toute l'histoire d'une vie est présente dans son noyau originel. Elle se déploie selon l'élan qu'elle a reçu en ce moment de naissance. Est-ce ainsi pour la chapelle? Celles et ceux qui s'y sont agenouillés, ou assis sur les bancs vernis impeccables, ou qui ont franchi la longue allée centrale sur tapis rouge ou vert selon les années, jusqu'au chœur, ont-elles et ont-ils été touchés par l'histoire religieuse qui a imprégné ce lieu à ses tous commencements? À relire les chroniques et souvenirs, il semble bien que les diverses générations se sont succédé, marquées par ce moment, le marquant elles-mêmes pour le transmettre à l'avenir comme c'est le cas encore aujourd'hui.

Un champ de pommes de terre au coin des rues Rideau et Waller est devenu en 1854 un édifice, le seul de pierres parmi d'autres de briques et de bois, l'Hôtel Matthews; en 1868, l'Annuaire canadien le désigne sous le nom de Revere House. Il devenait le Couvent Notre-Dame-du-Sacré-Cœur en 1869; une «petite chapelle» l'habitait au deuxième étage, coin Waller et Rideau[1]. Dès janvier 1887, la décision était prise de bâtir une chapelle plus grande. En mars, un mur de pierres s'érigeait, puis en avril «On commence à creuser les fondations de la nouvelle bâtisse», une aile de 106 pieds sur 45 qui allait abriter une salle de réception au rez-de-chaussée et, au-dessus, une chapelle[2]. Il n'y aurait pas de clocher parce qu'au-dessus de cette chapelle, on installait un dortoir.

M. l'abbé Georges Bouillon (1846-1932), alors affecté à la cathédrale Notre-Dame d'Ottawa où il avait réalisé des décors remarquables de style gothique français, également concepteur du décor de style mozarabe de la chapelle du Collège d'Ottawa[3], traça les plans de la chapelle à la demande de monseigneur J.-E. Guigues, lui-même emprunteur des premiers 10 000 $ sur les 60 000 $ prévus comme nécessaires : «La voûte est dans le style Tudor et l'exécution du plan promet de nous donner une des plus belles chapelles du pays[4].»

Il n'est pas facile de déterminer exactement le lien entre ce plan architectural inspiré du gothique anglais de la chapelle Henri VII de l'Abbaye de Westminster, et les vues religieuses et culturelles de l'abbé Bouillon[5]. Il n'est donc pas plus facile d'en établir le lien avec le projet d'éducation des Sœurs Grises de la Croix qui œuvraient alors en étroite collaboration avec les Oblats de Marie-Immaculée, fondateurs du Collège d'Ottawa (plus tard l'Université d'Ottawa). Ce que nous pouvons constater c'est que, dès le début, le Couvent et tout ce qui entoure le projet de la chapelle témoignent d'une orientation fondamentale : favoriser en ce lieu la meilleure qualité religieuse et culturelle que l'époque offre. Cela s'est manifesté dans des réalisations innovatrices remarquables en ce qui concerne la formation des couventines et les programmes scolaires et aussi dans leur éducation religieuse[6]. Or, l'abbé Bouillon avait été inspiré par la chapelle d'une abbaye qui réunissait sous son toit et ses dalles non seulement des rois et des reines, mais aussi des figures religieuses éminentes, des artistes de tous les domaines, des savants en diverses sciences humaines, physiques et mathématiques tout autant que religieuses, des croyants de diverses traditions chrétiennes.

Envisagée sous cet angle, l'origine de la chapelle devient particulièrement signifiante. Ainsi, dès le départ, les élèves du Pensionnat en sont des chevilles ouvrières avec leurs enseignantes et leurs professeurs d'art. Le 21 juin 1888, elles offrent les prix qu'on vient de leur distribuer, puis elles organisent des loteries, au profit de la chapelle. Certaines donnent des spectacles dramatiques ou des soirées d'élocution, d'autres des concerts à l'instar des religieuses et autres professeurs de renom qui constituaient alors l'élite artistique de la région et d'ailleurs[7]. Les couventines ont conçu et réalisé le premier chemin de la croix avec les religieuses. En 1910, on le décrit comme «des peintures sur toile collées au mur et surmontées d'une croix de bois doré[8]». Quant à la vie liturgique, elle se développe par l'approfondissement de l'Écriture. Entre 1870 et 1912, la supérieure du Couvent, sœur Thérèse-de-Jésus, expliquait chaque semaine, de la chaire de la salle d'étude des pensionnaires, l'évangile du dimanche. La vie de foi est déjà marquée aussi d'une sensibilité œcuménique puisque la tradition catholique romaine côtoie quotidiennement d'autres traditions, surtout celle de l'église anglicane. On apprend à prier en latin, mais aussi en français et en anglais. Qui ne se souvient de ces alternances d'un jour à l'autre entre le *Pater Noster*, le Notre-Père et le *Our Father!*

La bénédiction de la chapelle a eu lieu le 25 juin 1888, présidée par monseigneur Duhamel. La chapelle était remplie des élèves et des «amis de la maison». On y exécuta la Messe Bordelaise avec accompagnement de violon, flûte et orgue, celui-ci encore «trop faible», remarquait-on, pour la chapelle[9]. L'orgue Casavant allait être inauguré en 1914[10]. Dès le départ, la chapelle s'est ouverte à toute la population de Bytown : «Le nombre de ceux qui aiment à y venir augmente tous les jours.» On y célèbre le premier Noël avec la Messe Royale[11]. Le 8 décembre 1892, en la fête de l'Immaculée Conception, on y inaugure la lumière électrique[12].

Cette première génération qui habite la chapelle telle une âme qui donne l'élan d'une dynamique religieuse remarquable se retrouvera dans les suivantes, avec des hauts et des bas inévitables sur un parcours de cent ans. Un ensemble de témoignages d'anciennes révèle qu'à travers ces hauts et ces bas, l'éducation qui a cherché à intégrer religion et culture, prière et science, développement personnel et enracinement dans une tradition avec ses trésors et ses voies d'avenir, les unit et les marque profondément.

**Un style et des traditions qui imprègnent
la mémoire religieuse**

En 1972, le professeur J. Bland, alors directeur de l'École d'architecture de l'Université McGill déclarait :

«Il est impossible de trouver des deux côtés de l'Atlantique une autre construction où on marie si bien le fer et le gothique perpendiculaire[13]». En 1983, J. Trudel écrivait que la voûte en éventail de la chapelle restait le seul exemple qu'il en connaissait au Canada. Sœur Paul-Émile, archiviste à la Maison mère des Sœurs Grises de la Croix, la décrit ainsi dans un texte inédit à l'occasion du centenaire du Couvent de la rue Rideau en 1969 :

> Deux rangées de minces colonnes en fer séparent la nef en trois parties. Les chapiteaux sont formés d'une couronne tubulaire d'où s'épanouissent de larges éventails inspirés des pétales de la fleur du liseron. Cela donne à l'ensemble de la voûte une note symétrique d'élégance et de grâce. Le verre colorié des fenêtres, style gothique, fournit une lumière douce et nuancée. Les autels en pin blanc sont reliés par une boiserie demi-circulaire. Le tout finement sculpté est orné de clochetons élancés. Les murs sont lambrissés en chêne; les bancs et le plancher sont en pin rouge[14].

Cette description rejoint la mémoire visuelle de celles et de ceux qui ont connu la chapelle avant comme après les rénovations des années 1944-1945. Si les teintes ont alors changé, de même que les peintures murales, l'ensemble architectural est resté intact.

On pouvait entrer dans la chapelle par la rue Waller, tout près de Besserer. Un étroit escalier menait à l'arrière de la chapelle. Un seul coup d'œil embrassait alors les trois nefs allongées, avec un effet de hauteur — de perpendiculaire — que favorisaient l'élancement des colonnes, les voûtes en éventail d'un plafond égal en hauteur, légèrement décoré de rosettes, de «trèfles» à trois ou quatre feuilles et d'étoiles. Le tout transportait immédiatement dans un espace de prière à la fois harmonieux et austère; d'ombre avec les bois brun foncé des bancs et des panneaux du chœur, de pénombre avec les fenêtres longues et étroites, de luminosité aérienne avec les fines colonnes de fer. L'allée centrale conduisait au maître-autel flanqué d'un pinacle fléché avec, de chaque côté, des autels reliés entre eux par une boiserie en forme d'hémicycle

241

chargée de bas-reliefs dorés[15]. Une description de la peinture murale centrale en 1910 fait allusion à des anges prosternés devant l'Esprit-Saint[16]. Toutes les générations d'anciennes se souviennent de ces figures d'angelots, et celles qui ont connu les angelots d'après les rénovations de 1944-1945 se seront toutes étonnées de leurs mines étranges. Plusieurs ont gardé une photo intérieure de l'Archange Michel terrassant le dragon ou de la Vierge Marie en geste de réponse gracieuse à l'ange de l'Annonciation qui ornaient les autels latéraux. Tout cela identifiait une époque religieuse et avait de quoi stimuler l'imagination d'adolescentes selon leurs degrés de ferveur qui pouvait varier entre l'ardeur absolue et l'ennui le plus banal.

Lorsque les pensionnaires entraient dans la chapelle par la porte latérale arrière, deux par deux, le matin à 6 h 30 ou 7 h, elles rejoignaient des religieuses en postures méditatives. Droites, la démarche posée, bien en rang et certaines plus ou moins réveillées, elles contournaient une allée latérale pour rejoindre l'allée centrale à partir de l'arrière et s'avancer jusqu'au maître-autel, exécuter la génuflexion d'un seul mouvement et avec le plus d'élégance retenue possible. Saisissaient-elles cet ensemble architectural exceptionnel ou s'en laissaient-elles saisir pour vivre un moment religieux inspirateur? Sur un parcours de presque cent ans (1888-1971), les expériences ont certainement été diverses : par ailleurs, bonnes ou troublantes, ou dures ou approfondissantes de foi adulte, elles ne pouvaient pas ne pas être intenses et décisives.

C'était un événement particulier que de participer à la liturgie à partir du jubé. On y accédait par le troisième étage. Les membres de la chorale se tenaient dans l'espace plutôt exigu, tout près de l'orgue et sous l'éclairage d'une longue fenêtre gothique. En 1888 et en 1971, les voix et les hymnes et cantiques ont varié. Des pièces musicales ont toutefois retenti dans la chapelle tel un *cantus firmus* d'une époque à l'autre : un *Jubilate Deo*, le *Magnificat*, des *Ave Maria*, des messes à deux ou trois voix, le chant à Notre-Dame-du-Sacré-Cœur, au cours des dernières années le *Souviens-toi de Jésus-Christ*, et toutes ces fêtes de l'Épiphanie qui ont ramené l'étoile des Rois Mages sous la touche de l'organiste sœur Marie-de-Magdala.

Certaines célébrations à partir de 1925 sont également devenues des traditions, tant pour les élèves du Couvent Rideau que pour les étudiantes du Collège Bruyère. Ainsi, les messes de rentrée, celles des adieux, des grandes fêtes liturgiques, des anniversaires de l'institution comme celui de l'arrivée des Sœurs Grises à Bytown le 20 février 1845 ou de la patronale de la fondatrice Élisabeth Bruyère, ou encore la Sainte-Thérèse qui, après avoir honoré la première supérieure du Couvent, est devenue le jour de ralliement des anciennes. Les bénédictions du Saint-Sacrement qui clôturaient ces fêtes sont inoubliables.

Voici comment sœur Paul-Émile reproduit l'ordonnance de la remise des diplômes à partir du 23 juin 1958 :

Dans la matinée, messe dans la chapelle du Pensionnat, suivie du déjeûner au réfectoire des élèves, offert par les Amicalistes et servi par les sous-graduées. Dans l'après-midi, à 3 h, cérémonie du départ dans la chapelle de la Maison mère, rue Bruyère. Entrée solennelle des graduées revêtues de la toge et du béret bleu marial. Sous forme de chœur-parlé : adoration, réparation, action de grâces, remerciements aux parents, aumôniers et éducatrices, offrande à la Sainte Vierge, serment de fidélité. La bénédiction du Saint-Sacrement termine la partie religieuse de la cérémonie. La partie étudiante se fait dans la grande rotonde où tous les assistants trouvent place[17].

Le nombre des diplômées ayant augmenté, les cérémonies religieuses se déroulent le matin dans la chapelle du Couvent et l'après-midi dans celle de la Maison mère, reliant ainsi dans l'histoire les filles aux mères éducatrices de toutes les époques. Certaines qui ont vécu cette fin des années 1960 se souviendront aussi de la messe solennelle célébrée le 3 mai 1959 à l'occasion de la béatification de Mère d'Youville, fondatrice des Sœurs Grises de Montréal. Dans la chapelle décorée de fleurs rouges et blanches pour honorer «celle qui a beaucoup aimé» selon l'intitulé d'une biographie, des centaines d'étudiantes du secondaire et de collégiennes se joignent à leurs éducatrices pour la fête.

Style architectural, célébrations liturgiques, événements religieux vécus en commun ont fabriqué une mémoire religieuse que toutes celles et tous ceux qui sont passés par le Couvent Rideau et le Collège Bruyère partagent en commun. Le Centenaire évoque des époques religieuses diverses, et en même temps unifiées dans certaines traditions que toutes les générations d'étudiantes et d'éducatrices ont connues.

Mémoires intérieures multiples

Cette mémoire collective partagée porte aussi les traces d'une mémoire intérieure aux résonances aussi multiples que ce que les milliers de personnes ont pu en vivre individuellement. La chapelle a été, et le restera sans doute même si son milieu a changé, un lieu d'étapes importantes dans l'itinéraire religieux des anciennes et des anciens. Des échanges avec certaines et certains d'entre eux en sont bien révélateurs.

L'occasion des retraites annuelles a été pour plusieurs un moment d'orientation de vie décisive. Alors que certaines les redoutaient parce que, à leur avis, les invitations à s'engager dans la vie religieuse y étaient trop insistantes, d'autres y comptaient un temps d'arrêt et de questionnement profond où, après des vacances qui les avaient éparpillées ou une année chargée d'échéances académiques envahissantes, elles pouvaient se situer et repartir dans leur vie sociale et spirituelle. On peut recueillir des «Je n'en pouvais plus de ces introspections culpabilisantes devant le tabernacle», et des «S'il y a un temps que j'attendais, c'était celui où, dans la chapelle, je me retrouvais devant Dieu, chaque année périodiquement, et devant qui je pouvais me dire telle que je me vivais en pleines incertitudes d'adolescence.»

Plusieurs se reconnaîtront sans doute dans ces autres témoignages glanés au hasard de conversations autour de la chapelle et qui sont rapportés dans toute leur spontanéité, sans ordre d'importance. Quelqu'une confie : «Je suis allée à la chapelle à contre-cœur bien souvent. Surtout certains dimanches après-midi, après le parloir. Alors que j'aurais aimé parler de tout cela avec des amies, la cloche sonnait et il fallait se ranger en silence et descendre pour la bénédiction du Saint-Sacrement. Quelle histoire.» Une autre, normalienne pensionnaire des années 1950, raconte : «C'était la première fois que je quittais la maison, chez-moi. À la fin de la première semaine, je n'avais qu'une envie : prendre l'autobus et y retourner. Puis, je suis descendue à la chapelle. C'est comme si je retrouvais quelqu'un de familier. Le Dieu qui était là, présent, c'était bien le même que celui de l'église chez-nous. Je n'avais pas besoin de Le contacter comme une étrangère. Par ailleurs, cela m'a redonné du courage pour retrouver des filles et religieuses étrangères qui graduellement sont, elles aussi, devenues familières.» Une autre avoue : «Je n'ai jamais été pieuse. Je ne pouvais pas le devenir du coup lorsque je franchissais le seuil de la chapelle. Je m'y suis souvent ennuyée. Puis, j'ai découvert que c'était une bonne place pour penser. C'est là que j'ai vu clair dans certains de mes problèmes.» Un autre témoignage le dit autrement : «J'ai vécu de prendre des décisions importantes là. Je pouvais m'y recueillir. Il suffisait que j'y entre...c'était toujours un peu sombre... surtout en fin d'après-midi, après les classes.» Par ailleurs, certains souvenirs sont restés amers : «Toutes ces dévotions. Cela me révoltait. J'étais incapable de m'identifier à cela, et c'était impossible de l'exprimer. J'attendais les vacances pour tout mettre de côté. Encore aujourd'hui, je ne me suis pas remise de ce que j'appelle maintenant ces «violences pieuses.» C'est presque l'envers que nous pouvons entendre d'une autre : «J'étais militante d'Action catholique. À la chapelle, je trouvais des appels à m'y engager avec le plus de qualité humaine possible. Et du courage quand c'était difficile. Tout cela m'a approfondie, humainement et religieusement.»

Certaines anciennes ont connu la chapelle en tant qu'externes. Leurs souvenirs sont davantage liés à des événements ou à des pratiques déterminées. Ainsi, on a beau avoir de la difficulté à s'identifier aujourd'hui à l'image de la piété et de la femme qu'évoque la «Consécration pour les enfants de Marie», l'événement de la consécration reste inoubliable. L'une d'entre elles pouvait en réciter des extraits :

Ô Vierge sainte, pure et immaculée! Désirant me consacrer à vous d'une manière particulière sous le titre de votre enfant, je viens me prosterner à vos pieds; daignez, je vous en conjure, ô ma Mère, me mettre au nombre de vos enfants, et m'obtenir la grâce d'imiter vos vertus, surtout cette modestie virginale qui vous caractérise toujours.

Ne permettez pas que j'oublie jamais la protestation que je fais à vos pieds, de fuir, dans le monde, tout ce qui s'opposerait à votre service et à celui de votre divin Fils, et d'embrasser avec joie toutes les occasions d'accroître sa gloire et la vôtre.

Une autre ancienne qui, aujourd'hui, est très engagée dans l'animation liturgique de sa paroisse, reconnaît que «C'est au Rideau que j'ai pris le goût des liturgies bien faites, qui rassemblaient des filles, parfois d'autres aussi — à l'occasion de la remise des diplômes — et dans une ambiance de recueillement et de fête joyeuse.» Avec humour, certaines évoquent les moments anxieux des confessions mensuelles où elles se retrouvaient à l'arrière de la chapelle, cordées sur les bancs et glissant d'une place à l'autre avec défense de parler et encore moins de rire. Plusieurs admettent que les longues processions dans les couloirs qui conduisaient à la chapelle ont été d'excellents exercices de démarche et de maintien! Une autre confie qu'elle est souvent allée à la chapelle après 16 h et que cela lui a permis de traverser des années difficiles.

Quelques anciens ont partagé des souvenirs. Un premier communiant des années 1930 est ému, encore plus qu'il n'avait pu l'être alors, à la pensée que c'est dans cette chapelle qu'il a communié pour la première fois, après une préparation des plus soignées : «C'était comme un jardin d'enfance de la foi. On ne peut pas oublier la cérémonie et le cadre bien exceptionnel de la chapelle, alors que la plupart des copains vivaient cela dans l'église paroissiale.» Il semble bien que beaucoup de servants de messe étaient intimidés lorsqu'ils entraient dans la chapelle : «Il y avait les religieuses en arrière, en méditation. Je les voyais de dos, les yeux devant. Il me semblait que j'étais suivi de leurs regards. Par ailleurs, la sacristine avait des gentillesses pour moi. L'aumônier me faisait confiance. J'étais heureux de prier et de servir là.» Un autre servant s'exclame : «C'est l'endroit où j'ai appris à prier en anglais et en français. J'y ai appris à faire partie de deux cultures religieuses, ce qui ne me serait jamais arrivé dans mon coin québécois.» Deux aumôniers apprécient encore aujourd'hui d'avoir appris à cheminer dans la foi en compagnie de femmes et de jeunes filles dont ils ont connu l'histoire religieuse de l'intérieur : «Il y a longtemps que j'ai souhaité qu'elles prennent une part de plus en plus active dans les liturgies qu'elles célébraient. Certaines d'entre elles étaient très douées. Il m'est arrivé d'en consulter avant de préparer mes homélies.»

De ces mémoires intérieures, d'autres pourraient être évoquées. La chapelle qui est maintenant au Musée des beaux-arts du Canada en recueillera d'autres. Mémoires extérieures et intérieures, collectives et individuelles, des anciennes et des anciens ont pris la route publique.

La chapelle sur la route publique

Après avoir été un lieu de culte semi-public, la chapelle du Couvent Rideau devient en 1988, l'année de son centième anniversaire, un lieu ouvert à la mémoire publique. Des femmes et des hommes de toutes traditions religieuses et culturelles, de tous les groupes sociaux et de générations successives y passeront, s'y arrêteront et en repartiront. Les origines de la chapelle, son histoire centenaire, celle des femmes et des hommes qui l'ont habitée jusqu'à 1972 s'inscrivent dans ce mouvement, et celui-ci dans celui qui les a elles-mêmes portées.

En effet, l'inspiration artistique qui a donné une forme architecturale assez unique pour qu'elle soit considérée comme une œuvre de patrimoine à conserver annonçait une vocation religieuse et culturelle de la chapelle qui pouvait l'amener jusque sur cette route. Même si son lien avec l'Abbaye de Westminster et la chapelle de Henri VII ne doit pas être exagéré, il reste un lien à un haut-lieu religieux et culturel de l'Occident. Et l'histoire de la chapelle, bien modestement il est vrai, mais avec une continuité et une qualité d'ensemble exceptionnelles, démontre une orientation fondamentale du Couvent Rideau et du Collège Bruyère, celle de fournir à l'éducation des jeunes filles une excellence et une ouverture religieuses et culturelles qui ont été reconnues depuis leurs origines et jusqu'à la fin de leur histoire en tant qu'institutions d'éducation et d'enseignement. Les témoignages en sont assez nombreux et persistants, que l'on peut suivre d'une époque à l'autre, dans les journaux d'Ottawa, les chroniques de la congrégation et les ouvrages historiques. L'ensemble des témoignages des anciennes et des anciens, par-delà la diversité des mémoires individuelles intérieures, atteste aussi cette dynamique d'ouverture de la chapelle à une mémoire religieuse et culturelle de grand public. En particulier, les femmes qui l'ont habitée et qu'elle habite aujourd'hui ont elles-mêmes vécu et vivent encore le passage d'une histoire privée à une histoire publique, collective et, pour plusieurs d'entre elles, individuelle. D'une manière inattendue et exceptionnelle, l'histoire de la chapelle est comme le paradigme de la leur, et pour reprendre un langage religieux familier, comme l'allégorie de la leur.

En effet, quel avenir plus conforme à un lieu de culte chrétien que celui qui le porte sur une route publique? L'allégorie de la vigne dans l'évangile de Jean, que toute couventine et collégienne a entendue et sans doute aussi méditée un jour ou l'autre avec toutes ses connotations de figure féminine, ne se termine-t-elle pas par un envoi des disciples en leur disant qu'elles et ils ont été choisis et institués pour qu'ils aillent et portent du fruit sur toutes les routes du monde (Jean 15, 16)? Et alors, qu'être Église dans le mystère du salut tel que révélé en Jésus-Christ, c'est être là où l'humanité se tient, sur la route publique, en quête d'espérance que la vie peut toujours l'emporter sur la mort?

Il y a une autre parole que porte la tradition chrétienne qui entrevoit l'avenir du temple de Dieu sur la route publique, et de nouveau, c'est une figure féminine qui l'annonce!

> Alors je vis un ciel nouveau, et une terre nouvelle, car le premier ciel et la première terre ont disparu et la mer n'est plus.
> Et la cité sainte, la Jérusalem nouvelle, je la vis qui descendait du ciel, d'auprès de Dieu, prête comme une épouse qui s'est parée pour son époux. Et j'entendis, venant du trône, une voix forte qui disait :
> Voici la demeure de Dieu avec tous les humains.
> Il demeurera avec eux.
> Ils seront ses peuples et Lui sera le Dieu qui est avec eux.
> Il essuiera toute larme de leurs yeux.
> La mort ne sera plus.
> Il n'y aura plus ni deuil, ni cri, ni souffrance, car le monde ancien a disparu.
> Et Celui qui siège sur le trône dit :
> Voici, je fais toutes choses nouvelles.
> Puis Il dit : Écris : ces paroles sont véridiques.
> (Apoc. 21, 1-5).

Une mémoire religieuse chrétienne est une dynamique ouverte sur la mémoire religieuse des peuples. Cette mémoire est porteuse non de contraintes aliénantes pour ces peuples, mais plutôt d'une nouvelle qui sauve. Dieu cherche à être là, au milieu d'eux, pour leur joie et leur venue à tout ce qui les fait véridiquement humains. Toute une histoire de la chapelle a voulu le dire, avec les limites et aussi les réussites de cette histoire. Désormais, l'histoire de la chapelle le dira d'une autre manière à de nombreux hommes et femmes qui ne l'auraient pas entendue si elle n'était pas venue sur la place publique du Musée des beaux-arts du Canada.

Les anciennes du Couvent Rideau et du Collège Bruyère poursuivent en cette fête centenaire l'histoire de la chapelle qu'elles ont tissée avec la qualité ⸱ ⸱ *Age quod agis* et de l'*Ardens et lucens*. Elles inscrivent celle du passé dans celle qui se déroulera à partir du Musée des beaux-arts du Canada.

Orgue au jubé de la Chapelle
1914-1971

Chapitre 11

La chapelle aujourd'hui

Thérèse de Montigny
Denise de Montigny

> De même que celui-là, qui a détruit
> sa maison avec la prétention de la
> connaître, ne possède plus qu'un tas
> de pierres, de briques et de tuiles,
> ne retrouve ni l'ombre ni le silence
> ni l'intimité qu'elles servaient, et ne
> sait quel service attendre de ce tas
> de briques, de pierres et de tuiles...
>
> Saint-Exupéry, *Citadelle.*

C'était hier. Ou peut-être avant-hier...

Un son de clochette. Six heures et quart. Un deuxième
coup, un troisième... fin d'un sommeil profond, toujours trop
court. Gestes quotidiens, rapides, dans le silence froid du
matin. Robes noires, impeccables, collets et poignets blancs.
Nouveau son de clochette : toutes en rang, en silence.
Encore un coup : avis aux retardataires. Deux par deux,
sans bruit : corridors, escaliers, arrêt. Chuchotements,
silence; signal d'entrer.

Et, doucement, pour ne pas déranger les Sœurs qui sont
déjà là depuis longtemps, nous entrons dans la chapelle.

Dire que cela se passait ici même. Il y a trente
ans, déjà! Car me voici, en ce printemps de 1988, assise

à une petite table d'un restaurant, au coin de Rideau et Waller. Et voilà qu'à mon tour, à coups de cœur et de regrets, je démolis cet édifice moderne, sans âme, qui abrite boutiques et restaurants, pour remettre en place, avec mes souvenirs, les pierres de mon Couvent Rideau.

Je pourrais vous inviter à me suivre dans les salles des pensionnaires — la salle des petites, la salle des moyennes, la salle des grandes — je pourrais vous inviter à vous asseoir dans le salon vert ou dans le salon rouge, je pourrais aussi redonner vie, en les nommant, aux meubles, aux couloirs, aux chambres, aux dortoirs.

Je ferai mieux que cela : je vais vous conduire vers l'âme même du Couvent, vers le lieu de rassemblement de toutes celles qui l'ont fréquenté.

Je vous invite à traverser les couloirs des années, depuis celle de la démolition du Couvent jusqu'à aujourd'hui, pour vous préparer, avec moi, à entrer doucement dans notre chapelle, en prenant soin de ne pas déranger les prières, les silences, les souvenirs recueillis pendant un siècle.

> Seigneur, je sais que toute aspiration est belle. (...) Celle de l'avenir à construire et celle du passé à sauver.
>
> Saint-Exupéry, *Citadelle.*

Premier couloir, 1972, année critique dans l'histoire de la chapelle.

Le Couvent de la rue Rideau, logeant l'école, le pensionnat, le collège et la chapelle, avait été acheté, rappelons-le, par la Glenview Realty pour la somme de 2 M$, en 1971. Le promoteur avait d'abord songé à une éventuelle réadaptation, mais avait finalement préféré démolir. «Rien d'étonnant,» déclare madame Cathy Raven dans le *Bulletin* des Amis du musée des Beaux-Arts, en janvier 1986, «car si on songe, en rétrospective, au début des années 70, on se rend bien compte que chaque fois qu'on parlait alors de réaménagement urbain, on songeait, en fait, à démolir. L'homme d'affaires de l'époque n'avait pas encore souscrit au principe «la mode, c'est ce qui est démodé», et on aurait cherché vainement, dans les codes municipaux du bâtiment ou la réglementation provinciale en matière de résistance au feu, le moindre souci de l'intérêt présenté par la conservation des monuments publics.»

Les trésors nationaux ont droit pourtant à cet égard. Et la chapelle du Couvent Rideau, tant au point de vue artistique que juridique, mérite indiscutablement d'être jugée trésor unique en son genre. C'est donc *in extremis* que ce patrimoine canadien échappe de justesse au marteau du démolisseur et est classé monument historique d'intérêt national. On reconnaît alors la chapelle comme un oratoire ecclésiastique unique du XIXe siècle. Ce sauvetage, quoique incomplet puisqu'il ne réussira pas à sauver le Couvent lui-même, est attribuable aux efforts conjugués de divers groupements de défense du patrimoine tels le Comité de l'héritage et les autorités fédérales et provinciales.

À peine quelques semaines sont imparties aux spécialistes du ministère des Affaires indiennes et du Nord du Canada, du Conseil national de recherches et de la Commission de la capitale nationale pour photographier la chapelle et en surveiller la dépose, en tâchant d'en sacrifier le moins possible. La chapelle est ensuite démantelée hâtivement et plus de mille pièces sont remisées en divers endroits, à Ottawa : de 1972 à 1976, dans des entrepôts de Sheffield Road, et de 1976 à 1987, dans le Connelly Building de l'avenue Kaladar. On envisage alors la construction «prochaine» du nouveau Musée des beaux-arts, et on entend y réinstaller la chapelle. Mais l'entreposage des nombreuses pièces dans des conditions moins qu'adéquates inquiète la Galerie nationale[1] : les fuites d'eau se

Évantail
de la Chapelle du Couvent de la rue Rideau
transporté à l'entrepôt de Sheffield Road

CNRC

multiplient; aucun rayonnage n'a été construit pour dispo-
ser les divers éléments; aucun inventaire n'a été complété.
On sait que si, pour une raison ou une autre, la chapelle
n'est pas intégrée dans le vaste projet de reconstruction
du Musée, l'opinion publique alertée soulèvera une forte
protestation.

> Et j'ai appris ceci qui est essentiel :
> à savoir qu'il importe de bâtir
> d'abord le navire et de harnacher la
> caravane et de construire le temple
> qui dure plus que l'homme. Et
> désormais les voilà qui s'échangent
> dans la joie contre plus précieux
> qu'eux-mêmes. Et naissent les
> peintres, les sculpteurs, les gra-
> veurs et les ciseleurs.
>
> Saint-Exupéry, *Citadelle*.

Deuxième couloir, de 1983 à la fin de 1985

Après douze ans d'inaction, la Corporation de construction des Musées canadiens obtient trois devis pour la restauration et l'installation de la chapelle dans le nouvel édifice. Les compagnies Ellis-Don, Harold Kalman et G. & C. Industrial Millwork soumettent des propositions allant de 1,5 M$ à 1,75 M$. La Galerie elle-même obtient indépendamment un devis de 800 000 $ de Parcs Canada.

Dès ce moment, de nombreux projets sont élaborés, tel, au printemps de 1985, l'inventaire complet des pièces et des opérations de nettoyage. En tout, 1 123 éléments ou groupes d'éléments sont répertoriés, nettoyés, stabilisés et entreposés dans des conditions plus convenables. Toute cette entreprise prend forme grâce à la collaboration et à la participation, entre autres, des équipes de la Commonwealth Resources Management et de la Section des relevés des richesses du patrimoine de Parcs Canada (nouveau relevé photogrammétrique), des spécialistes du Service de restauration et d'une équipe du Musée des beaux-arts.

Malgré la complexité de l'opération, une partie de la chapelle est réédifiée à l'entrepôt, en juillet 1985. De cette expérience pourront sortir de très utiles leçons sur les méthodes à utiliser lorsqu'il s'agira effectivement de remettre en place la chapelle dans le nouveau Musée. Cette restauration pose sans doute à une variété de gens

L'autel
de la Chapelle du Couvent de la rue Rideau
dans l'entrepôt de l'avenue Kaladar
Commonwealth Historic Resource Management Ltd.

des défis de taille, mais les avantages s'avèrent incommensurables; non seulement à cause du caractère unique de la chapelle, mais parce que les compétences mises en œuvre dans cette tâche pourront servir, par après, au sauvetage d'autres monuments du pays et les vouer, de ce fait, à une vie nouvelle.

En octobre 1985, la mairesse de la ville d'Ottawa, Marion Dewar, appuie «pleinement cette cause très noble» et louange les Amis du Musée pour leur participation enthousiaste à ce projet qui sera «reconnu par tous les Canadiens des générations à venir; car, ajoute-t-elle, la chapelle du couvent de la rue Rideau est une œuvre d'art superbe qui est le symbole du véritable esprit de notre nation, et elle serait une pièce centrale appropriée pour notre nouvelle Galerie nationale.» À son tour, le directeur par intérim des Musées nationaux du Canada et du Musée des beaux-arts du Canada, Richard M. Alway, remercie les Amis du Musée de leur étroite collaboration sous forme de campagne de levée de fonds. En effet, ce groupe s'engage à collecter 500 000 $ au cours des trois années qui suivront; cet argent servira à la restauration et au réaménagement de la chapelle, appelée à devenir le cœur vivant du nouveau Musée.

Entre-temps, soit en 1984, certains travaux de construction commencent. L'assemblage à lui seul prendra un an au moins, et, selon une société de gestion des ressources du patrimoine, jamais une démarche architecturale d'une telle envergure et d'une telle complexité n'a été tentée au Canada. La chapelle doit être reconstituée dans une salle mesurant vingt pieds sur cent et d'une hauteur de vingt-six pieds; il va sans dire que la tâche est colossale!

Pendant les deux prochaines années, soit de novembre 1984 jusqu'au début de 1986, un effort multidisciplinaire concerté est coordonné par le Musée des beaux-arts et effectué par un groupe d'organisations tant du secteur privé que du secteur public. La compagnie privée consultative en matière de restauration, la Commonwealth Historic Resource Management Limited, participe, sous contrat des Musées nationaux du Canada, à chaque phase du projet. La compagnie de construction du nouveau Musée des beaux-arts, soit la Canada Museums Construction Company, contribue aussi à la planification, tout comme les architectes, Parkin Safdie Architect Planners. Le groupe «Chapelle Rideau», composé de membres de ces agences gouvernementales et leurs consultants, se réunit régulièrement pour discuter des progrès réalisés et des travaux à effectuer. De plus, des membres de la communauté pour la conservation prennent part aux délibérations touchant plusieurs points de restauration tant pratiques que philosophiques. Plusieurs choix de restauration sont considérés par le groupe «Chapelle Rideau» et des questions de première importance se posent à eux :

— Comment la chapelle doit-elle être déployée dans le Musée des beaux-arts?

257

— S'agira-t-il d'un intérieur reconstruit ou simplement d'un déploiement de pièces hétéroclites?

— Quelle date de restauration de la chapelle doit-on adopter?

Comme réponse à la première question, Julian Smith, chef du Conseil national de recherches et des Parcs et lieux historiques nationaux, présente six options; après maints débats, la cinquième est retenue. Cette solution propose de recréer aussi fidèlement que possible le lieu historique, afin qu'il n'y ait aucune distinction claire ou apparente entre l'authentique et la reproduction : déploiement historiquement précis de la voûte, de l'autel et des châssis à guillotine de l'intérieur de la chapelle et reconstruction des murs intérieurs avec leur recouvrement (lambrissage et décoration au pochoir) et du balcon dont on n'a conservé que la balustrade. L'insertion de la chapelle dans l'enceinte du Musée n'est pas tâche facile : il s'agit de reconstituer un intérieur du XIXe siècle dans un milieu de musée du XXe siècle. Il faut songer aux problèmes fort épineux d'espace adéquat pour la circulation des visiteurs, au respect des exigences sévères du service des incendies, à l'intégration des anciens services mécaniques et électriques aux services technologiques modernes d'éclairage, etc. Mais c'est dans un esprit de totale collaboration que le Musée compte œuvrer avec Parcs Canada, avec tous les cabinets privés et gouvernementaux, ainsi qu'avec le public intéressé à restaurer et reproduire la chapelle dans sa forme la plus authentique. C'est un effort de coopération qui implique, pour tous ces groupes, un défi tout autant technique que philosophique.

> Mais qui bâtit sa cathédrale qu'il
> faudra cent années pour bâtir, alors
> cent années il peut vivre dans la
> richesse du cœur. Car tu t'aug-
> mentes de ce que tu donnes et aug-
> mentes ton pouvoir même de
> donner.
>
> Saint-Exupéry, *Citadelle*.

Troisième couloir, 1986

Au début de l'automne 1986, voilà que quelques anciennes étudiantes du Couvent Rideau et du Collège Bruyère décident de faire renaître l'Association des anciennes du Couvent. Le comité organisateur se donne un double objectif : organiser une Grande Rencontre de toutes les anciennes à l'occasion de l'inauguration de la chapelle dans le nouveau Musée, au printemps de 1988, et participer à la cueillette de fonds lancée par les Amis du Musée. L'Association organise donc un dîner-bénéfice, le 19 novembre 1986, auquel sont invitées toutes les anciennes du Couvent et du Collège qui résident dans la région d'Ottawa. C'est ainsi qu'elles donnent le coup d'envoi à la campagne de levée de fonds et, dans un geste de solidarité avec la communauté religieuse des Sœurs de la Charité d'Ottawa, remettent un chèque de 18 000 $ aux Amis du Musée des beaux-arts au mois de décembre 1986.

> Force-les de bâtir ensemble une tour
> et tu les changeras en frères.
>
> Saint-Exupéry, *Citadelle*.

Puis, commence l'importante année 1987, quatrième couloir

Année importante, puisque non seulement le rêve se réalise de plus en plus, mais aussi parce que se révèle un esprit communautaire qui ne connaît aucune frontière linguistique, culturelle ou religieuse.

La campagne de souscription des Amis du Musée, visant à recueillir des fonds afin d'aider à la reconstruction de l'ancienne chapelle, est lancée officiellement en février 1987, lors de l'inauguration de l'exposition «Un avenir pour le passé», dans le foyer de l'Hôtel de ville d'Ottawa. À cette occasion, la présidente de la campagne de souscription, Agnes Benidickson, révèle que les Amis du Musée ont déjà récolté plus de 200 000 $. Pour atteindre leur objectif de campagne, la présidente des Amis du Musée, Doris Manon Smith, précise qu'outre le grand public, les corporations, entreprises et autres institutions seront sollicitées durant cette levée de fonds qui se terminera en juin 1988, soit à l'ouverture du Musée. «En plus de permettre d'injecter des sommes d'argent importantes, ajoute-t-elle, cette campagne nous permet de sensibiliser les gens d'ici aux richesses qui seront exposées dans ce Musée. Nous créons ainsi des ponts avec la communauté afin que celle-ci sente que le Musée lui appartient.» De plus, en mars de la même année, l'organisme vend aux enchères des œuvres d'art, des pièces anciennes et des objets divers afin d'amasser d'autres fonds pour atteindre leur objectif.

La présidente du Conseil des monuments et sites du Québec, France Gagnon-Pratte, déclare en février 1987 qu'elle suit «avec beaucoup d'intérêt le projet de restauration» et qu'elle appuie, de façon formelle, les Amis du Musée, soulignant l'enthousiasme, les efforts et la participation impressionnante de tous les intervenants qui donnent «un exemple concret et extraordinaire d'une action de sauvegarde réussie!»

Tous ces efforts remarquables et nombre d'autres déployés en faveur du projet de reconstruction sont assurés de succès au moment même de franchir le cap de l'année 1987; 100 000 $ et davantage sont déjà recueillis. Cette réussite est due en bonne partie à l'attentive surveillance et à l'inspiration de la présidente des Amis du Musée et au comité du Fonds de restauration de la chapelle, sous la direction de Agnes Benidickson, et dont les idées originales trouveront à employer les bonnes volontés et les compétences de toutes sortes.

Dès le mois de février également, Harold Kalman, directeur de la Commonwealth Historic Resource Management Ltd., et Charles Hill, conservateur du Musée des beaux-arts, présentent des conférences sur les projets de restauration et dirigent des tournées dans l'espace réservé à la réédification de la chapelle.

Quant au comité de l'Association des anciennes du Couvent Rideau et du Collège Bruyère, encouragé par la réponse enthousiaste des anciennes lors du dîner-bénéfice de 1986, il ne ménage plus ses efforts afin d'atteindre son double objectif : d'abord, continuer la cueillette de fonds pour la restauration de la chapelle; ensuite, profiter de l'inauguration de la chapelle dans le nouveau Musée des beaux-arts, au printemps de 1988, pour réunir une dernière fois toutes celles qui ont vécu au Couvent Rideau et y ont laissé une partie de leur cœur — professeures et étudiantes tant du Collège Bruyère que des cours classique et commercial, sections française et anglaise, directrices, maîtresses de pensionnaires et préposées à la cafétéria et à l'entretien. Cette rencontre à laquelle sont conviées toutes les anciennes non seulement de la région d'Ottawa, mais du Canada entier et même des États-Unis et d'ailleurs, restera sûrement gravé dans le cœur de toutes ces femmes «spéciales», pour qui le Couvent Rideau et sa chapelle demeurent beaucoup plus qu'un trésor national.

> Mais de la montagne où je m'assieds, voici que j'aperçois l'ascension d'un temple dans la lumière.
>
> Saint-Exupéry, *Citadelle*.

Dernier couloir, 1988

Finie donc la controverse entourant la faisabilité du projet de la restauration de la chapelle à l'intérieur des murs du nouveau Musée des beaux-arts du Canada.

Malgré une décision préalable du gouvernement fédéral de ne pas l'inclure, l'optimisme a eu raison et la promesse est respectée. Ce joyau incontestable d'architecture, cet unique monument ecclésiastique voûté en éventail, d'inspiration néo-gothique, ce patrimoine canadien, sera inauguré au printemps de 1988, cent ans après sa consécration initiale du 26 juin 1888; l'assemblage des 90 voûtes et des 1 150 pièces que constituent la chapelle, en d'autres mots le projet complet de reconstruction et de restauration, aura pris quatre ans.

Devenue le cœur vivant du nouveau Musée, la chapelle du Couvent commence donc une nouvelle page de son histoire : celle d'accueillir les visiteurs qui viendront s'instruire en y découvrant le vaste assortiment d'orfèverie religieuse canadienne du XVIIe au XIXe siècle (tiré des collections du Musée des beaux-arts et de la Collection d'orfèverie canadienne de Henry Birks); des visiteurs qui, peut-être, chercheront dans le silence monumental la prière qui s'y est formée pendant des années.

> Et si je bâtis [ma demeure] assez durable pour qu'elle contienne la vie dans sa durée, alors ils iront de fête en fête comme de vestibule en vestibule, sachant où ils vont, et découvrant, au travers de la vie diverse, le visage de Dieu.
>
> Saint-Exupéry, *Citadelle*.

L'inauguration de la chapelle. J'entends les chants de celles et de ceux pour qui cet événement est particulièrement source de réjouissances.

D'abord, la Congrégation des Sœurs de la Charité d'Ottawa. Car, pour elle, la réédification de ce lieu de culte, si propice à la prière et à l'élévation de l'âme pour ses nombreuses Filles au fil des ans, consacre sa mission indéniable de porteuse de lumière et d'espérance spirituelles, en devenant dorénavant un milieu de recueillement pour des générations de priants ou pour de simples amants de l'art véritable.

Puis, les anciennes, ces générations de femmes qui se sont succédé dans ses murs et se sont nourries aux sources même d'une éducation religieuse profonde. Ces retrouvailles de la chapelle de leur jeunesse suscitent certes, en elles, à la fois une joie sincère et une fierté légitime de l'héritage de force et de vaillance reçu en partage et qui fait d'elles des membres actifs au sein d'une société moderne qui évolue sans cesse. «La reconstruction de la chapelle, déclare l'une d'entre elles, concrétise toute une époque, un passé cher qui n'existait plus que dans nos souvenirs. C'est aussi un vibrant témoignage d'admiration et de reconnaissance à la communauté religieuse et aux artistes qui l'ont créée.» Elle ajoute que le nouveau site de la chapelle, en face de la Cathédrale d'Ottawa qui est elle-même centre d'une communauté chrétienne engagée tout en étant œuvre d'art et site touristique en soi, est «comme une proclamation humaine de la foi en l'Absolu», qu'elle consacre, pour ainsi dire, le symbole!

Ensuite, la communauté catholique non seulement de la région, mais aussi du Canada entier, pour qui la chapelle devient une proclamation visible et grandiose de la foi qu'elle vit en son cœur et en son âme au fil des jours, dans la fidélité et l'amour de son Dieu.

Enfin, les amants de l'art en général, pour qui la chapelle, à cause de ses qualités intrinsèques, est le témoin de première importance à la fois d'une époque et de l'art religieux. Cette belle et gracieuse chapelle restaurée dans sa forme primitive, ce chef-d'œuvre du siècle dernier, survit dans toute sa force parce que les Amis de l'art et ceux du Musée, pendant les années 1980 surtout, se sont dévoués corps et âme à sa préservation et à sa réédification. Ce qui a été le leitmotiv de leur dévouement inlassable, c'est ce grand désir de participer à une œuvre de véritable envergure en stimulant la passion du public pour l'une de nos plus grandes richesses : le patrimoine culturel du Canada.

En vérité, si l'intérieur de la chapelle du couvent Notre-Dame-du-Sacré-Cœur est un témoin important de l'art religieux canadien de la deuxième moitié du XIXe siècle, c'est aussi une œuvre qui s'insère parfaitement dans un milieu culturel mixte, francophone et anglophone, comme celui d'Ottawa, et pour ainsi dire, du pays tout entier : voûtes Tudor, motifs trifoliés rappelant l'Irlande et que l'on retrouvait dans la décoration primitive, recours au talent des sculpteurs sur bois canadiens-français, nourris de traditions anciennes. La nation entière a donc lieu de se réjouir de la sauvegarde de ce monument qui proclame et consacre le fait canadien dans ses manifestations les plus créatrices et les plus élevées.

L'heure est venue de quitter cet édifice sans âme, ce lieu où se dressaient si fièrement le Couvent et sa chapelle. Laissons derrière nous les couloirs à jamais silencieux d'un passé si riche. Que se taisent maintenant nos regrets, nos peines, nos luttes, et que s'élèvent nos chants de joie.

Entrons maintenant dans notre chapelle d'aujourd'hui...

264

Chapter 12

The Chapel Then and Now
A Mosaic of Art and Vision

Sœur Louise-Marguerite, s.c.o.

The meaning and wonder of the Rideau Street Chapel are as much in the original inspiration which gave the Convent its very being as in the artistic vision of Canon Georges Bouillon, the priest-architect who made it a unique national treasure. The architectural beauty of the Chapel cannot be separated from the far-sighted vision of Mother Élisabeth Bruyère and the story of those young Canadian women who shaped the history of the Convent to meet the needs of Bytown as it became Ottawa, the cosmopolitan capital of the country.

Architectural historians have not as yet been able to plumb the depths of the secret vision behind Canon Bouillon's art. The mosaic pattern of English and French building styles — the Tudor vaults, Irish shamrocks and traditional French-Canadian woodcarving — are a radiant reflection of the bilingual nature of the Convent school and representative of both the francophone and anglophone communities of Ottawa. The features of the European ecclesiastical Gothic Revival recall the religious aspect of

265

the educational ideals of the Convent and the structure of the Parliament buildings that were just being constructed.

The consecration of the Chapel on June 25, 1888, brought together prelates, friends, benefactors, former students, and the whole Convent school to share the liturgical celebration presided by Archbishop J. Thomas Duhamel. What thanksgiving and praise must have welled up from the heart of Mother Theresa as she realized how marvellously her dream of a beautiful dwelling for God had been fulfilled. Canon Bouillon was there. One can but imagine him standing a little apart from the rejoicing worshippers, in silent rapture, under the spell of his vision.

"A 'Gloria' Carved In Wood"

I have loved, O Lord
The beauty of your house
the dwelling place of your glory.
(Ps. 25, v. 8)

June 25, 1888

Plain thick walls
hand-hewn limestone
upon rock :
the Chapel glows
in splendour, magnificence
this day of solemn consecration.

Truth and Beauty
all harmony
a 'Gloria' carved in wood
soaring fan vaults of the ceiling
roundels and trefoils
wedded to slender cast-iron columns
ornate foliated capitals
to lure the eye
through high arched windows
gleam of amber
on the fold-leafed altar
the sanctuary lamp red and bright
in the mellow radiance of gas chandeliers
dim shimmer of countless tapers

all light and colour
blending with
organ, violin, flute and cornets
the swelling chorus, duets and solos
in ascending praise and beauty and celebration.

Light and majesty
power and glory
as the King and Living Host
is placed
in the gilded tabernacle.

And the faithful caught up
in the vision
splendid, enflamed
believe
in God as beauty,
bow down in worship.

A Promise Unkept

For the former teachers and students who worshipped and celebrated for more than a century in a prayerful atmosphere of calm and beauty, the Chapel is distinguished still more by its ties to the old stone building and its educational significance than by its architecture. It was all they could do to witness the traumatic event of the demolition.

On December 8, 1970, the Convent was offered for sale, but not without thought and regret : the heart had to give way to reason. The secondary schools had become an integral part of the public school system : the Ottawa Board of Education had, during the previous year, built new high schools for French-speaking students, including those of the Rideau Street Convent. Due consideration was given to the possibilities of using the building for various charitable works, but plans were abandoned because of the extensive renovation and alteration these would require, at a cost which would be prohibitive. It had become a harrowing experience for the teachers and students alike to conduct classes amidst the din and rattle of the business area. Waller Street had become the outlet for all the trucks and heavy vehicles coming from or going to the highway. The combined consequences of these conditions brought the necessity of disposing of the property.

The Convent was sold in May 1971 and was cleared to the last chair for the set date. At the eleventh hour, one of the Sisters volunteered to act as keeper of the house and of the keys which were to be handed over to the new owner, at midnight exactly, August 31, 1971. While waiting for the dreaded hour, she wandered all alone amidst the hollow echoes of vacant corridors repopulated with memories. Faraway chuckles and laughter, multiplied by past days remembered, rang from the dim recreation halls. The Chapel stood deserted, the classrooms still. Familiar doors were closed. Something precious had gone out of her life.

At the strike of 12, a last turn of the key and it was a deeply-felt good-bye to the cherished Rideau Street Convent. By then, two Sisters had arrived, two heartbroken witnesses to the unforgettable event. The three drove away leaving the convent to darkness. The only light that shone in the dark was the hope stirred by the new owner's assurance he would not demolish, but rather transform the maze of buildings and the courtyard into a unique "Mews-like" shopping area that would preserve the historic and cultural atmosphere of the Convent.

Our hopes and hearts were shattered when we were made aware, for the first time, through the local newspapers, of the new owner's change of heart : *The Citizen* and *Ottawa Journal* carried stirring accounts of the wrecking scenes :

Feb. 8, 1972

A litany of lead echoed across Rideau Street as demolition started ...

April 25, 1972

The 120-year-old Rideau Street Convent which rang with school girls' voices since 1869, echoed this morning with the thud of the workmen's boots, axes and hammers.

268

Demolition
of the Rideau Street Convent
1972

CNRC

May 12, 1972

The old grey building that had withstood the ravages of
time and weather not to mention the pounding feet of the
hundreds of young girls who passed through its portals...
reduced to bits and pieces...

July 25, 1972

The final act of demolition on the site of the Rideau Street
Convent was the falling this morning of two elm trees which
stood in the Convent's courtyard.

A former student remembers,

seeing a lonely blackboard suspended precariously against
a crumbling stone wall somewhere on the second floor. All
the surrounding walls had been demolished; it remained a
silent witness to the fate befallen the former classrooms.
How it dangled pitifully in the afternoon breeze amidst the
dust of the wrecking cranes waiting its doom.[1]

The Sister who, that midnight, had handed over the keys to the new owner, left the Convent in darkness, but not to entire forgetfulness. Her faithful, yet discreet rounds of the wrecking scene remained painful reminders of that last watchful hour as "keeper of the house" :

> After the transfer of the building to Glenview Realty Trust, I kept an eye, from a distance, to follow the alterations in progress in view of the future "Rideau Mews". A year later rumours of demolition spread around the city and the protestations led to a picket line to preserve the Chapel. One morning I was there very early on Rideau Street. To my astonishment, the long and high front wall on Rideau Street had tumbled down and all that remained were heaps of broken stones, a few feet away. I closed my eyes to ease the pain of my heart. A familiar picture flashed to my mind, that of the five-foot plain aluminum cross that hung just above the main entrance door. Almost automatically, I walked straight to the rubbles and peeped into a mass of chopped grey stones. I explained to the supervisor why I was on that forbidden ground. Very sympathetically, he joined me in the search and, in a few seconds, I spotted the arm of the cross under the rubbish. The Italian gentleman very adroitly brought it out of its cache and handed it out to me. I asked : "Will you sell it to me?", to which he replied with a generous smile : "No, Sister, it is yours to keep".
>
> With tears of joy in my eyes and tears of gratitude in my heart, I later washed it with tender loving care, but could not erase the deep scratches which will ever tell of the wounds of demolition.[2]

Of this historic building, only the Chapel had been saved, thanks to the Heritage Canada Committee which purchased the dismembered components with the intention of reinstalling them in the proposed new Gallery of Canada. It received national historic status, was dismantled, stored randomly in inadequate quarters, moved three times from one warehouse to another, then finally put away in a National Capital Commission warehouse on Kaladar Avenue. It lay there neglected, forgotten, left to gather dust and to decay awaiting restoration in the new Gallery.

Reassembly of the Rideau Street Convent Chapel
in the National Gallery of Canada

In February 1985, a team of three technicians
from the Commonwealth Historic Management Limited
firm began the restoration of the Chapel fragments in
preparation for the reinstallation in the new National
Gallery. This implied the enormous task of sorting, iden-
tifying, repairing and fitting together 1,200 scattered parts.
One of the preservation technicians involved in this restoration project from 1985 to 1987, Mrs. Fern Graham, gives
a vivid picture of her impression of first entering the
warehouse :

> When we first walked into the warehouse, I had the distinct
> impression of entering an ancient tomb; it was all so still,
> so musty. In the dim light we could see the unfamiliar shapes
> of the huge fan vaults, the subdued glow of gold and cher-
> rywood from the altar, and heaps of unrecognizable scraps.
> The task seemed insurmountable.

271

In March 1986, Judy Oberlando, architectural historian of the same firm, thoughtfully invited us, former teachers of Rideau Street Convent, to visit the warehouse as the restoration of the Chapel was in progress. The experience was one of nostalgic pain and faint hope. Though we sensed an exceptional empathy among the members of the team, and were escorted most gently, still we felt "heart-cuffed".

A Broken Vision

March 1986

We drive to Kaladar Avenue
the warehouse dark and foreboding
a tomb   a vault.

As we enter   two long-time architects
of the Convent vision,
we feel the aching
void
        of windowless frames,
the grey moss.
the damp, chilly air.

On the cement floor
a disarray, disparate   parts
bit   and   pieces,
the wreckage.
No trace, no filament of wonder
that dazzled the artist's vision.

Beside us the cast-iron columns
elongated on the musty floor
grim   gaunt   grey,
weathered, worn
by wear and tear
                of rain and sleet,
the decorative finish washed away.

The vaulted fans
disassembled,   spread   in line,
damaged   deformed
faded a dusty blue
                with years of grime.

A young man coolly
measuring line in hand
fits them by number, match and count.

On the opposite wall
broken planks   cling for support —
pieces piled upon pieces
shrivelled   weathered   shattered,
bear the marks of saw cuts
as if ripped   by nails.
On the top, the tabernacle
had the slant of an open book.
Its lock door   haunts our hearts.
What key will ever   reopen it?

273

Fern Graham recalls with renewed wonder the communal effort, the work of fellowship and dedication among the various members of the team involved in the restoring of the Chapel portions. All have the same goal : to make the Chapel look as "true" as possible; to place each piece where it belongs; to find a place for each piece :

The process was slow and painstaking, but every time a single fragment was restored to its original position, our work was made a little easier.

From the beginning, we felt a strong commitment and a special affection for the Chapel. It may have been because of the challenge, but I believe it was also because we all sensed that a beautiful and meaningful work had been violated. We also knew that it was a great privilege to be involved in the project.

During the months that followed, the team grew and changed as different skills were needed. Architectural historians yielded to master carpenters and cabinet-makers, who worked with the architects and the engineers. What was remarkable was that everyone who joined the team felt the same commitment to the project. I have rarely seen such harmony and camaraderie in a crew.

Long after I no longer had a direct role in the restoration, I continued to visit the warehouse to follow progress. We have all put so much of ourselves into the Chapel, we like to feel that in some small way it is ours. I wonder whether anyone who has not seen it as we did that first day, can ever really appreciate how wondrous it is. The Chapel is not only beautiful, its restoration is a magnificent tribute to those who refused that a vision sustained for 100 years should be allowed to be forgotten.

The Chapel Revisited

May 21, 1988

In the heart
of soft grey granite walls
built upon rock
the Chapel rises
for all the world.

274

The long buried gem,
its hidden fire
kindled from debris
is the phoenix transfigured
by an architect's vision.

Lights and shadows
stream from golden windows
dapple carved wood,
cast old patterns on the floor.
Shadows mingle with shadows.

While above
long lines of webbed fan vaults
ceremonious as winter elms
against the arcs of skyblue,
take the breath away
unravel the splendour
almost lost.

A Light Rekindled

The Chapel, built upon solid rock — the setting
of the founder's dream hardened into deed — will never
cease to shine on the Institution for which it was created.
It will abide as a symbol of an educational ideal in the
hearts and the lives of the former students, as a beacon
of light for their children and their children's children.
Pierre Berton, Chairman of Heritage Canada, once wrote :

> A building from the past, especially one that has
> served the community, is a living history lesson for those
> of us who come later, for ourselves and for our children.
> It tells us something of what came before; serves to remind
> us that we have a past; not only in its architectural details
> — which are very significant — but its history casts a little
> more light in another century.[1]

For the Rideau Street Convent that light has been
rekindled. It will continue to live through the far-reaching
influences of the former students who faithfully hand down
their heritage from generation to generation. Such a light
knows not and is not subject to demolition. Institutional
survival well understood is a matter of maintaining vital,
enduring values and an identity. The Convent building
might be gone, but it can be rebuilt with new stones : its

century-old set of basic educational beliefs and standards
continue to abide among us, its inspiration and spirit fresh
and alive are still with us. The memories of the Convent
history, charged with the power of so many generations,
keep vivid in our hearts the thought of a cherished legacy
and the abundant wealth of our heritage. Though nothing
can bring back the Rideau Street Convent, former students
who clearly see the long tradition in which they stand
"grieve not, rather find strength in what remains behind".

Acknowledgement

A tribute of gratitude is hereby expressed to the
dedicated keepers of a heritage, those who helped to place
the Chapel, this magnificent piece of the Convent's history,
into the centre of the National Gallery of Canada : to the
"Save-the-Chapel" group, «Action-Côte-de Sable», for their
interested and heroic attempts to preserve the Convent
building; to "Capital for Canadians" (now Heritage Canada)
for their recognition of the historical significance of the
Chapel architecture; to the leadership of the National
Capital Commission and the National Gallery of Canada
for salvaging the Chapel; to the Friends of the National
Gallery for establishing a Chapel restoration fund; to the
former students of the Rideau Street Convent and of
Bruyère College, in close solidarity with the Sisters of
Charity at Ottawa, for helping to make the latter project
a reality; to the restoration team of the Commonwealth
Historic Resource Management Limited for rendering this
heritage as truthfully as possible.

Appreciation is extended to the architect Moshe
Safdie for including the Chapel within his design of the
new Gallery; to Geoff Hoare, the Chapel's Project Manager,
who guided the reassembly of the broken parts; to Charles
C. Hill, the relentless custodian of Canadian art.

The preservation battle had resulted in the demolition of an old landmark at the heart of Ottawa, but has
had the beneficial long-term effect of changing the vision
of a community towards the value of a heritage.

276

Épilogue

Sœur Sainte-Madeleine, s.c.o.

Après une journée de recherches dans les archives du Couvent de la rue Rideau, pour oublier ma fatigue, je tire un fauteuil et ouvre le journal du jour. Une nouvelle de madame Yolande Bénard-Dompierre attire mon attention. Comme elle est touchante cette «vieille dame», ancienne du Couvent de la rue Rideau, avec sa petite pierre blanche qui suscite les souvenirs de son Alma Mater!

Fascinée par cette pierre blanche qui, peu de temps après, l'accompagne sur sa tombe pour être ensevelie avec tous ses regrets, je ferme les yeux pour revivre en esprit mes propres souvenirs.

Bientôt la pierre blanche semble s'animer et se divise en une multitude de petits cailloux blancs. Entre ces cailloux surgissent des fleurs de Bruyère et, à ma grande surprise, des silhouettes féminines très élancées soutiennent une voûte d'éventails entrelacés... les cailloux blancs, et les fleurs de Bruyère et les colonnes et les éventails s'étendent à perte de vue, autour de moi... Tout me paraît si familier que je me lève pour vérifier si c'est une hallucination... c'est alors que le journal glisse sur mes pieds et j'ouvre les yeux. J'ai donc rêvé! C'était si beau et si vraisemblable!

Une fois bien éveillée, me revient à l'esprit un texte de l'apocalypse de saint Jean : «Je remettrai un caillou blanc et sur ce caillou est écrit un nom nouveau» (Jean 2, 17). Mon rêve était donc une réalité : ne représente-t-il pas le temple que toutes les anciennes du Couvent de la rue Rideau et du Collège Bruyère édifient à travers le monde? Fidèles à la devise *Age quod agis*, elles sont les colonnes de la société et elles rayonnent comme des lampes *Ardens et lucens*. Ce caillou blanc qu'elles ont reçu par l'éducation de leur Alma Mater porte maintenant un nom nouveau tout comme leur Chapelle que les Amis du Musée des beaux-arts appellent si joliment «L'avenir du passé».

Tennyson, poète anglais, me semble avoir donné un sens juste et très profond à cette relation passé-avenir, dans son poème *The Passing of Arthur* :

"The old order changeth yielding place to new
And God fulfils Himself in many ways."

NOTES

Chapitre premier

1. Sœur Paul-Émile, s.c.o., *Mère Élisabeth Bruyère et son œuvre*, Éditions de l'Université d'Ottawa, 1945, tome I, ch. I, p. 13.
2. *Ibid.*, p. 44.
3. *Ibid.*, ch. 12, p. 227.

Chapter 2

1. Sister Geneviève-de-la-Croix, s.c.o., *Memories of Mother Theresa Hagan*, ch. 1, p. 5.
2. *Letter*, Mother Bruyère to the Sisters, December 1875.
3. Sister Geneviève-de-la-Croix, s.c.o., *op. cit.*, p. 63.
4. *Chronicles of the Rideau Street Convent*, October 29, 1883.
5. Sister Geneviève-de-la-Croix, s.c.o., *op. cit.*, p. 22.

Chapitre 3

1. Khalil Gibran, *Le prophète.*
2. *Jean-Paul II au Canada*, Éditions Paulines, p. 39.
3. Saint-Exupéry, *Le petit prince*, Gallimard, 1946, ch. 21, p. 72.
4. *Chroniques du Couvent de la rue Rideau*, 6 septembre 1927.
5. Sœur Paul-Émile, s.c.o., *Mère Bruyère et son œuvre, op. cit.*, p. 44-45.

Chapitre 5

1. Le père Rodrigue Normandin, o.m.i., dans son sermon du 25ᵉ anniversaire du Collège, affirmait : «Déjà depuis 1911, les élèves du Pensionnat Notre-Dame-du-Sacré-Cœur avaient obtenu l'autorisation de se présenter aux examens de l'Université et d'en convoiter les diplômes. Ce qui suppose que les candidates faisaient les cours par études indépendantes sous la direction du préfet des études de l'Université.»
2. Extrait du sermon du père Rodrigue Normandin, o.m.i., à la messe solennelle du Jubilée d'argent du Collège Bruyère, dans la chapelle de l'Alma Mater, le dimanche 10 décembre 1950 : Archives des S.C.O., Maison mère, 9 rue Bruyère.

3. Pourquoi Bruyère?

«Le nom du collège a été choisi pour honorer Mère Élisabeth Bruyère, fondatrice des Sœurs Grises d'Ottawa. C'est pourquoi la Sainte-Élizabeth, le 19 novembre, est la fête patronale du collège. Le nom bruyère rappelle la modeste plante à petites fleurs rosées que l'on trouve en grande abondance dans les landes de Bretagne. Nos professeurs se plaisent parfois à nous donner, au sens figuré, le joli nom de Fleurs de Bruyère» (*Coup d'œil*, vol. 1, n° 3, 12 nov. 1963).

4. Sœur Paul-Émile, s.c.o., *Monographie inédite du Couvent de la rue Rideau*, Archives des S.C.O. : «Ce qu'il en a fallu de clairvoyance, de surnaturelle ambition, d'esprit de travail et de sacrifice pour faire lever, grandir et prospérer le 'grain de sénevé' de ce matin-là.»

5. *Entre-Nous*, revue de l'Amicale Bruyère, n° 1, mars 1947, p. 3.

6. Registre du Collège Bruyère.

7. Germain Brière, éditorial dans *Le Droit*, 11 novembre 1950, cité dans sœur Paul-Émile, *Monographie...*, *op. cit.*

8. Des coupures de presse de 1942, de 1943 et de 1947 font état de deux bourses d'études de l'Amicale d'Youville pour payer les cours de Belles-Lettres au Collège Bruyère.

9. *Coup d'œil*, n° 6, 16 avril 1964, p. 4.

10. Denise Lanoix, B.A. 1939, *Une journée collégiale à Bruyère*, s.d., Archives des S.C.O.

11. *Ibid.*

12. *Cahier-souvenir du 10e anniversaire*, 1935; *Le Petit Bruyère*, journal des collégiennes, éphémérides, vol. 1, n° 3, 1954, et Noël 1955, Archives des S.C.O.

13. *Album-souvenir de 1935-36*, Archives des S.C.O.

14. *Coup d'œil*, journal des collégiennes, 3 octobre 1963.

15. *Bruyère*, journal des collégiennes, n° 1, 1951.

16. *Le Petit Bruyère*, journal des collégiennes, n° 1, Noël 1953 et Noël 1955.

17. *Coup d'œil*, journal des collégiennes, 12 nov. 1963.

18. *Le Petit Bruyère*, fin de l'année 1954, éphémérides.

19. *Ibid.*, n° 2, févr. 1954.

20. *Album-souvenir du 10e anniversaire*, 1935-36, Archives des S.C.O.; «Fêtes de Saint-Thomas au Collège», *Le Droit*, 10 mars 1940; «Fêtes en l'honneur du 'Docteur Angélique'», *Le Droit*, 5 mars 1941.

21. *Album-souvenir du 10e anniversaire*.

22. Denise Lanoix, *op. cit.*

Chapitre 6

1. Sœur Paul-Émile, s.c.o., *Rétrospectives sur l'histoire du Pensionnat Notre-Dame-de-Sacré-Cœur d'Ottawa*, p. 27.

2. *Ibid.*

3. *Ibid.*

4. *Ibid.*

5. *Ibid.*

Chapitre 7

1. *Le Droit*, le 16 octobre 1919.
2. E.Y. Harburg, from the song "Over the Rainbow", in *The Wizard of Oz*.
3. Bettini, *The New Dictionary of Thoughts*, p. 431.
4. Sœur Paul-Émile, s.c.o., *Mère Bruyère et son œuvre*, p. 209.
5. Lydia M. Child, in *The New Dictionary of Thoughts*, p. 431.
6. *Chronicles of the Rideau Street Convent*, October 16, 1869.
7. *Le Canada*, février 1872.
8. *The Citizen*, December 1872.
9. *The Citizen*, February 26, 1878.
10. *The Citizen*, September 2, 1878.
11. *The Citizen*, October 15, 1884.
12. *Chronicles of the Rideau Street Convent*, March 17, 1888.
13. *The Citizen*, June 25, 1888.
14. *Chronicles of the Rideau Street Convent*, June 2, 1904.
15. *Ibid.*, June 3, 1921.

Chapitre 8

1. Sœur Paul-Émile, s.c.o., *Mère Élisabeth Bruyère et son œuvre*, Éditions de l'Université d'Ottawa, 1945, tome I.
2. Sœur Marie-du-Rédempteur, s.c.o., *Mère Thérèse-de-Jésus, 1829-1912*.

Chapitre 10

1. Nous trouvons des allusions à cette «petite chapelle» dans les *Chroniques du Pensionnat Notre-Dame-de-Sacré-Cœur*, vol. I, *1869-1908*, Archives des S.C.O., p. III, 26, 36, 46, 54. Cette petite chapelle est devenue par la suite la salle de classe des élèves canadiennes-françaises, puis du cours commercial.
2. *Ibid.*, p. 71.
3. Le Collège d'Ottawa est devenu l'Université d'Ottawa.
4. *Chroniques*, p. 70.
5. Pour une présentation de l'œuvre architecturale, voir Normand Pagé, *Le décor architectural de la chapelle du Couvent Rideau*, Bulletin des Amis du Musée, avril 1988.
6. L'éducation donnée au Pensionnat dès ses origines est remarquable d'ouverture culturelle et créatrice : entre autres, l'établissement d'un bureau de poste interne organisé par les étudiantes; un bulletin mensuel, *L'Écho du Pensionnat;* un programme d'études qui intègre les sciences et les mathématiques tout autant que les arts, et avec un corps professoral des plus compétents : voir sœur Paul-Émile, s.c.o., *Rétrospectives sur l'histoire du Pensionnat Notre-Dame-du-Sacré-Cœur*, texte inédit, 1969, p. 3-11.
7. Au Couvent de la rue Rideau, dès les origines, la musique s'enseigne comme une science et un art. Des professeurs distingués y sont affectés, tels M. Koehler, diplômé du Conservatoire de Leipzig (violon), puis M. A. Tassé, qui restera attaché à l'institution pendant

cinquante-deux ans, M. G. Smith, licencié du Conservatoire de Paris, Mlle Braniff, de New York (le chant), et parmi les religieuses, sœur Mechtilde-du-Saint-Sacrement : voir *Chroniques, op. cit.*, p. 78, 84; sœur Paul-Émile, *op. cit.*, p. 34-37.

8. *Chroniques*, vol. 2, 1909-1938, p. 11. Il s'agit du chemin de la croix de 1910. Est-ce toujours le même? Les *Chroniques* ne précisent pas.
9. *Chroniques*, vol. I, *op. cit.*, p. 86.
10. *Chroniques*, vol. II, *op. cit.*, p. 27. Un concert est alors donné par M. A. Tremblay.
11. *Chronique*, vol. I, *op. cit.*, p. 91.
12. *Ibid.*, p. 123. En 1903, des petites lampes électriques remplacent les chandelles au-dessus des têtes des anges du sanctuaire, *ibid.*, p. 237.
13. *Le Droit*, 29 avril 1972, p. 3.
14. Sœur Paul-Émile, *op. cit.*, p. 12-13.
15. N. Pagé, *op. cit.*
16. *Chroniques*, vol. II, *op. cit.*, p. 8.
17. Sœur Paul-Émile, *op. cit.*, p. 29-30.

Chapitre 11

1. Ancien nom du Musée des beaux-arts du Canada.

Chapitre 12

1. Quoted in Sister John Thomas, s.n.j.m., *Rooted in Hope*, Windsor Print and Litho Company, 1983, p. 501.

TABLE DES MATIÈRES
TABLE OF CONTENTS

Troisième partie — Part III
La Chapelle
The Chapel

285